이유식을 시작하는 엄마들에게

처음 이유식

이유식을 시작하는 엄마들에게

처음 이유식

최혜숙 지음

버튼북스

PROLOGUE

사랑하는 내 아이의 이유식은
엄마가 만들어야 한다

쉐프라는 직업을 갖고 있는 나 자신도 엄마로서 내 아이의 이유식을 만드는 일이 생각처럼 쉽지만은 않았다. 흔히 이야기하는 여자의 적령기를 넘겨 결혼하고 일 년 만에 엄마가 되었다. 나의 첫 아이는 너무나 사랑스러웠다. 아내의 역할에 엄마의 책임감이 더해졌고, 일하느라 바쁜 중에도 아이의 이유식을 알뜰하게 챙겼다.

바른 식생활 교육은 엄마가 되고 나니 더욱 중요한 일로 여겨졌다. 식사를 빨리 하는 것, 편식하는 것, 각종 식품첨가물이 많이 들어간 음식을 먹는 습관은 절대 갖게 해서는 안 된다고 생각했다. 양질의 먹을거리를 단지 먹이는 것에 그치지 않아야 한다. 식구와 함께 한자리에서 밥을 먹는 것 또한 육아의 큰 부분을 차지한다.
모유와 분유를 먹는 시기를 지나 아이가 음식을 맛보고 영양분을 섭취하기 시작하는 이유식은 너무나 중요하다. 엄마가 무슨 일이 있어도 잊지 말아야 하는 사실은, 사랑하는 내 아이를 바르게 키우는 데에 중요한 역할을 하는 것이 바로 아이가 먹는 음식이라고 생각하는 일이다.

이유식이 왜 필요한지, 이유식을 시작하기 전에 알아두어야 할 사항들, 이유식을 하면서 부딪치게 될 여러 가지 궁금증들을 책 안에 담았다. 아이의 개월수에 따른 네 단계 이유식 레시피는 모두 100가지를 소개했다. 더 많은 레시피들도 있지만, 이 책에 소개하고 있는 100가지 정도면 아이의 건강과 성장에 꼭 필요한 이유식으로 충분하다.

무엇보다 서구화된 식사보다는 오랜 시간 우리가 먹어온 우리의 맛을 알아가는 것이 더 중요하다. 최근에는 서양의 식문화로 자라온 부모들이 아이의 이유식을 사 먹이기도 하는데, 이유식 시기에 식재료 본연의 맛을 알아가기 시작하는 것은 매우 중요하다는 사실을 인식해야 한다.

막연히 어려워하지 말았으면 한다. 곡류부터 시작하여 야채, 콩 제품, 생선, 고기 등의 단백질 원으로 차근차근 계단을 밟듯이 진행하면 된다. 처음에는 익숙하지 않겠지만, 쌀과 찹쌀을 불리고 갈아 미음을 만들고 아이의 성장 단계에 꼭 필요한 영양을 챙겨가며, 아이가 좋아하는 이유식을 만드는 일이 즐거워질 것이다.

처음 이유식을 시작하는 초보 엄마들에게 내가 만들었던 이유식 레시피를 나누고 싶어 이 책을 준비했다. 쉐프로서가 아닌 나 또한 초보 엄마로서 고민했던 마음을 함께 담았다. 그 마음이 아이의 이유식을 처음 준비하는 엄마들에게 작은 힘과 용기가 되기를 바란다.

CONTENTS

PART 1
첫 아기, 첫 이유식

PART 4
무른밥을 소화하는
후기 이유식 (만9~11개월)

PART 5
다양한 맛을 즐기는
완료기 이유식 (만12~18개월)

PART 6
이유식에 관해 궁금한 것들

PART 1

첫 아기,
첫 이유식

죽 만들기

1. 분량의 밥과 물을 넣고 잘 푼다. 열이 전체로 퍼지기 쉬운, 바닥이 두꺼운 냄비가 좋다. 쌀로 하는 경우는 씻은 쌀의 수분을 빼고 분량의 물을 더해 30분간 불린다.

2. 처음엔 강한 불로, 중간부터 약한 불로 끓인다. 약한 불에서 10부 죽이라면 30분, 그 외는 15분 조리한다. 부드러운 밥을 표준으로 하고 넘쳐흐르지 않게 한다. 약간의 틈이 생기도록 뚜껑을 덮고, 스팀홀이 있는 냄비의 경우에는 스팀홀을 열어둔다. 쌀로 하는 경우는, 1시간 반 밥을 한다.

3. 밥이 다 되면, 뚜껑을 덮고 10분간 뜸을 들인다. 쌀로 하는 경우는 불을 끄고 뚜껑을 덮어 15분간 둔다.

:: 5~6개월 시기에는 절구에 갈거나 체에 걸러 입자가 씹히지 않도록 한다.

죽의 수분 가감과 형태표

죽은 수분의 양으로 단단한 정도가 변한다. 죽을 만들 때는 양이 증가하는 것에 주의한다.
소량은 맛있게 밥이 되기 어려우므로 많이 만들어 1회분씩 나누어 냉동 보관한다.
물의 양은 표준이며, 짓는 양과 불의 세기에 따라 달라진다.

	10부 죽	7부 죽	5부 죽	4부 죽	부드러운 밥	밥
개월수	5~6개월	7~8개월	8~9개월	9~10개월	11개월~1세	1~1세 반
밥	밥:물=1:9	1:6	1:4	1:3	1:2	
쌀	쌀:물=1:10	1:7	1:5	1:4	1:3	1:1.2

죽 만들기의 시크릿 포인트

• 밥은 성인 밥처럼 짓는다

밥솥에 성인의 밥을 할 때, 가운데 내열 컵을 놓는다. 거기에 죽을 만들 1회분의 밥과 물을 넣고 밥을 지으면 된다.

• 섞는 것만으로도 끈기가 생긴다

만든 죽을 핸드믹서나 거품기를 이용해 간단하게 끈기를 만들 수 있다.

• 부드러운 밥은 전자레인지에 돌리면 된다

밥 50g, 물 4큰술을 넣어 섞고 랩으로 싸서 전자레인지에서 2~3분간 가열한다.

• 끈기로 물기 많은 것을 해결한다

밥으로 죽을 만들었는데도 끈기가 부족하면, 마지막에 녹말가루를 물에 풀어 넣으면 된다.

• 쌀을 갈아서 시간을 단축한다

쌀은 10~20분 정도 물에 불려 물을 흡수하게 한다. 쌀을 원래 크기의 1/3로 갈아 밥을 하면, 조리 시간을 단축할 수 있다.

 익히기

채소

• 차가운 물에서부터 삶기

감자, 고구마, 당근, 무와 같이 흙 속에서 자란 채소는 찬물에서부터 익혀낸다. 감자와 고구마는 떫은 맛이 있어, 물에 담근 후 익힌다.

• 끓는 물에서 데치기

푸른 잎채소, 양배추, 브로콜리와 같이 흙 위에서 자란 채소는 끓는 물에 데쳐낸다. 시금치는 익힌 후 물에 담궈 떫은 맛을 제거한다.

가금류 : 냄비에 닭 안심과 안심이 잠길 정도의 물을 넣고 뚜껑을 덮어, 중불에 올려 익힌 후 끓어오르면 약한 불에서 20초 익힌 뒤 불을 끄고 그대로 5분간 둔다. 그대로 두어 잔열을 식힌 후에 꺼내면 촉촉하고 부드럽고 육즙이 살아 있다.

생선 : 끓는 물에 넣고 익혀낸다. 끓이면, 잡냄새와 지방을 없애주고 뼈와 껍질 벗기기가 쉬워진다. 생선은 익힌 후 살만 발라낸다.

다진 고기 : 냄비에 다진 고기와 5배의 물을 넣고 뭉쳐지지 않게 풀어서 불에 올린다. 색이 변하면 체에 내려 물기를 제거한다.

거르기

체는 5~6개월 시기 이유식 조리에 꼭 필요하다. 미음이나 죽, 푸른 잎채소는 섬유질이 많으므로 체에 내리면 먹기 쉬워진다. 초기 이유식에 사용하는 채소는 부드럽게 데쳐 잎만 잘게 자른다. 소량의 이유식은 체에 올리고 그물망을 그릇에 비스듬히 걸쳐, 숟가락은 앞으로 끌고 절구막대는 원모양으로 둥글게 돌려가며 거른다. 체에 내린 것은 다시마물이나 채소 수프를 첨가해 풀어 먹기 쉬운 농도로 조절하고, 버석한 것은 끈기가 있는 상태로 만든다. 5~6개월 시기라면, 요거트의 농도가 적당하다. 방울토마토는 반으로 잘라 씨를 제거하고 단면을 밑으로 체에 올린 후, 눌러서 껍질만 남도록 내린다. 호박은 가열 후 뜨거울 때 체에 올려, 절구막대나 숟가락으로 눌러 체에 내린다.

자르기

시간과 식재에 따라 각기 다른 크기로 자른다. 대개는 칼을 이용하고 필러나 달걀 커터로도 자를 수 있다. 고기의 섬유는 가열하면 수축되어 질겨진다. 고기 망치나 빈 병으로 두들겨 부드럽게 해 가열한다. 푸른 잎채소는 데쳐서 가로로 자른 후 다시 세로로 잘게 다진다.

으깨기

데친 채소와 과일은 포크의 등으로 손에 힘을 주어 으깬다. 익힌 생선이나 달걀노른자는 포크 앞으로 풀어준다. 숟가락의 등으로 으깰 때는 이유식용 절구에 하면 쉽고, 매셔는 많은 양을 으깰 때 사용하면 편리하다.

갈기

강판에 간다. 5~6개월 후반에서 7~8개월 시기에는 생당근을 냄비 위에 직접 갈고 수분을 더해 부드럽게 끓인 후, 녹말물로 끈기를 준다. 물에 푹 익힌 후 절구에 갈아 먹으면 혀에 닿는 감촉이 부드럽다. 닭 안심은 냉동한 것을 그대로 강판에 갈아 사용한다. 시금치나 빵도 같은 방법으로 하면 된다.

끈기 만들기

가루로 사용하면 덩어리질 수 있으므로 녹말가루와 물을 1 : 2의 비율로 섞어 만든 녹말물을 사용한다. 재료가 끓어오르면, 녹말물을 둘러 붓고, 빨리 섞은 후 불을 끈다. 녹말물은 녹말이 금방 가라앉기 쉬우므로 사용 직전에 저어준다.

:: 냉동한 식빵을 강판에 갈아 끓는 국물에 넣으면 끈기가 생긴다. 바나나는 생으로 으깨면 점성이 강하고, 냉동 후 강판에 갈면 부드럽다. 감자는 녹말로 인해 점성이 생기므로 생으로 강판에 갈아 이유식에 첨가해 익힌다.

육수는 자칫 번거로울 수 있지만 잘 끓여내면 어떤 재료로도 대체할 수 없는 감칠맛을 더해준다. 특히 이유식에 육수를 사용하면 재료 본연의 담백한 맛을 살려주고 자극적이지 않게 조리할 수 있다. 주로 쇠고기, 닭고기 등 육류와 채소, 멸치, 가쓰오부시 등을 넣고 일정 시간 끓여낸다. 또 재료를 물에 담가 우려내는 방식으로 육수를 내기도 한다. 이 책에 나오는 레시피 중 재료에 특별한 표기가 없는 경우 다음의 어떤 육수를 사용해도 된다. 다만 알레르기 반응을 보인다면 물이나 그동안 알레르기 반응을 보이지 않은 식재료로 만든 육수를 사용한다.

쇠고기육수

재료 : 쇠고기 양지(또는 사태) 100g, 양파 20g, 물 5컵

1. 쇠고기는 기름 덩어리를 잘라내고 찬물에 30분 정도 담가 핏물을 뺀다.

2. 냄비에 쇠고기, 양파, 물 5컵을 넣고 센 불에서 끓인다. 끓이는 도중 생기는 거품과 불순물을 건져낸다.

3. 물이 끓으면 약한 불로 줄이고 40분 정도 은근하게 끓인다. 육수가 식으면 면포에 받쳐 거른 뒤 식으면 기름기를 걷어낸다.

:: 육수를 만들 때 양파, 대파를 넣으면 쇠고기 특유의 누린내가 사라지지만 아기가 향에 민감하지 않다면 굳이 넣지 않아도 된다. 쇠고기육수는 쇠고기나 채소를 넣는 이유식을 만들 때 활용하면 좋다.

닭고기육수

재료 : 닭다리 1개, 양파 20g, 물 4컵

1. 닭다리는 기름을 제거한 뒤 칼집을 넣어 찬물에 20분 정도 핏물을 뺀다.

2. 냄비에 닭다리, 양파, 물 4컵을 넣고 센 불에서 끓인다. 끓이는 도중 생기는 거품과 불순물은 걷어낸다.

3. 물이 끓으면 약한 불로 줄이고 40분 정도 은근하게 끓인다. 육수가 식으면 면포에 내린 뒤 기름을 걷어낸다.

:: 닭다리는 기름기를 모두 제거해서 사용한다. 육수를 만들 때 양파, 대파를 넣으면 닭고기 특유의 누린내가 사라지지만 아기가 향에 민감하지 않다면 굳이 넣지 않아도 된다. 닭고기 육수는 닭고기나 채소를 넣는 이유식을 만들 때 활용하면 좋다.

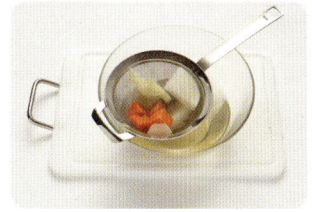

채소육수

재료 : 무 30g, 당근 20g, 양배추 20g, 양파 15g, 파 10g, 표고버섯 1개(20g) 물 5컵

1. 무, 당근, 양배추, 양파, 파는 적당한 크기로 자른다. 표고버섯은 젖은 행주로 이물질을 닦아낸다.

2. 냄비에 채소와 물 5컵을 넣고 끓인다.

3. 물이 끓으면 약한 불로 줄이고 1시간 정도 은근하게 끓인 뒤 고운체에 내린다.

:: 육수를 낼 때 표고버섯 기둥을 사용하면 감칠맛이 잘 우러난다. 표고버섯 기둥은 버리지 말고 모아 냉동 보관하고 육수를 낼 때 활용한다. 집에 있는 다양한 채소를 응용해 채소육수를 만든다.

다시마가다랑어육수

재료 : 다시마(5×5cm) 1장, 가다랑어포 3g, 미지근한 물 4컵

1. 다시마는 젖은 행주로 이물질과 염분기를 닦아낸 뒤 미지근한 물 4 컵에 넣고 1시간 정도 담가 맛을 우려낸다. 냄비에 다시마, 다시마 우린 물을 넣고 약한 불에서 끓인다.

2. 물이 끓으면 1~2분 후에 다시마를 건진 뒤 5분 정도 끓이다가 불을 끈다. 여기에 가다랑어포를 넣고 5분 정도 우려낸다.

3. 2를 고운체에 내린다.

:: 다시마가다랑어육수는 짠맛이 나므로 12개월 이후부터 사용한다. 가다랑어포는 물에 오래 담가두거나 끓이면 떫은맛, 쓴맛이 나므로 미리 끓여둔 물에 넣고 5분 정도만 우려낸다.

멸치육수

재료 : 국물용 멸치 5마리, 물 3컵

1. 중간 이상 크기의 국물용 멸치는 머리를 떼고 내장을 뺀다.

2. 기름을 두르지 않은 팬에 멸치를 넣고 살짝 볶아 비린내를 날린다.

3. 냄비에 멸치와 물을 넣고 끓인다. 물이 끓으면 약한 불로 줄이고 5분 정도 끓이다가 고운체에 내린다.

:: 멸치육수는 12개월 이후부터 이유식 육수로 활용한다.

마른새우육수

재료 : 마른새우 7마리, 물 3컵

1. 마른새우는 잡티를 고른 뒤 기름을 두르지 않은 팬에 넣고 바삭하게 볶는다.

2. 냄비에 마른새우, 물 3컵을 넣고 끓인다. 물이 끓으면 약한 불로 줄이고 5분 정도 끓인다.

3. 2를 고운체에 내린다.

:: 보리새우 등 중간 크기 이상의 마른새우를 사용해 만든다.

다시마물 : 큰 밀폐 용기에 다시마를 넣고 물을 듬뿍 부어 냉장고에 2시간 정도 두었다가 사용한다. 냉장고에서 3일간 보존 가능하다.

가쓰오 다시 : 내열 용기에 가쓰오부시 5g, 따뜻한 물 150ml를 넣고, 가쓰오부시가 가라앉으면 체에 내린다. 냉장고에서 3일 냉동하면 일주일간 사용 가능하다.

멸치 다시 : 내열 용기에 머리와 내장을 제거한 멸치 2~3마리, 물 1/2컵을 넣고, 전자레인지에서 가열한다. 식은 후 체에 내려 냉장 보관한다. 2~3일간 사용 가능하다.

다시 팩 : 내열 용기에 무첨가 다시 팩 1개와 물을 넣고, 전자레인지에서 1~2분간 가열한다. 식으면 팩을 꺼내고 다시는 뚜껑 있는 용기에 넣어 냉장 보관한다. 2~3일간 사용 가능하다.

천연 조미료 만들기

천연 조미료는 이유식을 조리할 때 건강과 감칠맛을 동시에 챙겨준다. 주로 곱게 가루를 내어 사용하기 때문에 입에 걸리는 이질감이 없어 아기에게 먹이기 편리하다. 음식에 감칠맛을 더해주는 조미료를 건강에 좋은 재료를 골라 직접 만들기 때문에 안심하고 먹일 수 있다. 먹이기 힘든 채소류를 잘 말려 활용하면 아이가 다양한 영양소를 골고루 섭취할 수 있다.

표고버섯가루

재료 : 표고버섯 3개

1. 표고버섯은 젖은 행주로 이물질을 닦아낸다.

2. 1을 적당한 크기로 채썰어 채반에 얹어 바람이 잘 통하는 곳에서 바짝 말린다. 잘 말린 표고버섯은 젖은 행주로 이물질을 닦아낸다.

3. 2를 믹서나 분쇄기에 넣고 곱게 간다.

:: 마른 표고버섯은 생표고버섯보다 비타민D가 풍부해 아기의 성장과 골격 형성에 도움을 준다. 표고버섯은 햇빛을 받아야 비타민D가 생성되므로 오븐에 굽는 것은 효과가 없다. 반드시 채반에 얹어 햇볕이 드는 창가에 두고 말린다.

다시마가루

재료 : 다시마(5×5cm) 4장

1. 다시마는 젖은 행주로 이물질과 염분기를 닦아낸다.
2. 기름을 두르지 않은 팬에 다시마를 넣고 바삭하게 굽는다.
3. 2를 믹서나 분쇄기에 넣고 곱게 간다.

:: 다시마는 젖은 행주로 이물질과 하얀색 염분기를 꼼꼼하게 닦은 뒤 사용한다.

멸치가루

재료 : 국물용 멸치 15마리

1. 멸치는 머리를 떼고 내장을 제거한다.
2. 기름을 두르지 않은 팬에 멸치를 넣고 살짝 볶아 비린내를 날린다.
3. 2를 믹서나 분쇄기에 넣고 곱게 간다.

:: 멸치는 머리와 내장을 제거해야 쓴맛과 잡내가 없어지고 팬에서 살짝 볶아야 비린내가 나지 않는다.

멸치다시마 후리가케

재료 : 오븐에 구운 고구마 5g, 잔멸치 10g, 다시마(5×5cm) 1장, 김 1/4장, 통깨 약간

1. 고구마는 얇게 썰어 오븐에서 바삭하게 굽는다.

2. 기름을 두르지 않은 팬에 잔멸치, 다시마를 넣고 살짝 볶아 비린내를 날린다.

3. 믹서에 잔멸치, 다시마, 오븐에 구운 고구마를 넣고 곱게 간 뒤 잘게 자른 김과 통깨를 넣고 섞는다.

:: 고구마는 꼭 넣지 않아도 되지만 고구마를 넣으면 달콤하고 맛있는 후리가케를 만들 수 있다. 집에 있는 각종 채소를 오븐에 바삭하게 구워 후리가케를 만들 때 넣어준다.

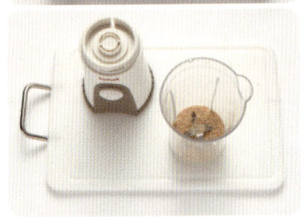

새우가루

재료 : 마른 새우 20마리

1. 마른 새우는 체에 내려 잡티와 불순물을 제거한다.

2. 기름을 두르지 않은 팬에 마른 새우를 넣고 바삭하게 볶는다.

3. 2를 믹서나 분쇄기에 넣고 곱게 간다.

:: 새우는 체에 내리거나 면포에 싸서 비벼 수염과 잔가시를 제거한다.

새우가다랑어 후리가케

재료 : 오븐에 구운 당근 4g, 밥새우 5g, 가다랑어포 2g,
김 1/4장, 통깨 약간

1. 당근은 얇게 썰어 오븐에 넣어 바삭하게 굽는다.

2. 기름을 두르지 않은 팬에 밥새우, 가다랑어포를 넣고 살짝 볶아 비
   린내를 날린다.

3. 믹서에 밥새우, 가라랑어포, 오븐에 구운 당근을 넣고 곱게 간 뒤
   잘게 자른 김과 통깨를 넣고 섞는다.

:: 밥새우 대신 집에 있는 마른 새우를 사용해도 좋다. 후리가케를 만들
   때 아기가 평소에 잘 먹지 않는 당근 등의 채소를 오븐에서 구워서 믹
   서에 넣고 함께 갈아준다.

{ 식재료의 감칠맛 활용하기 }

조미료 없어도 맛있게 ①

식재료 본연의 맛을 이용하면 조미료 없이도 단맛, 산미, 감칠맛을 손쉽게 보충할 수 있다.

치즈: 7~8개월부터. 가루 치즈, 피자용 치즈는 소량이면 괜찮다. 파스타, 그라탕, 도리아 등에 사용한다.

요구트: 7~8개월부터. 산미를 싫어하는 아기도, 페이퍼 타월에 수분을 제거하고 끈기 있게 하면 먹을 수 있다. 부드러워 혀에 닿는 느낌이 좋고, 먹기에 쉽다.

토마토: 5~6개월부터. 완숙된 것은 산미보다 단맛이 강하다. 토마토 수프, 볶음 등 가열하면 단맛이 증가한다.

바나나: 5~6개월부터. 아기가 좋아하는 단맛을 가지고 있다. 생으로 으깨 잘 먹지 않는 식재료에 섞으면 끈끈함을 주면서 동시에 먹일 수 있다.

조미료 없어도 맛있게 ②

다시마물: 5~6개월부터. 어떤 식재료와도 궁합이 좋다. 다시마와 가쓰오부시는 감칠맛을 줄 수 있는 가장 좋은 식재료다.

채소 수프: 5~6개월부터. 채소만으로 자연의 단맛, 감칠맛을 농축해 몸에 부담이 적다. 깔끔한 맛으로 사용하기 쉽다.

두유: 5~6개월부터. 우유를 사용하지 못하는 시기에도 크리미한 맛의 변화를 줄 수 있는 식재료이지만, 반드시 당분이 없는 것을 사용한다.

우유: 조리용은 7~8개월부터. 우유 넣은 조림, 우유 수프는 부드러운 맛 때문에 아기가 좋아한다. 칼슘 보충에 좋다.

조미료 없어도 맛있게 ③

천연 조미료는 맛을 내고 싶을 때 뿌려주는 것만으로도 맛을 보충해줄 수 있다. 장기 보존도 쉽고, 준비해두면 쉽게 메뉴의 변화를 줄 수 있어 편리하다. 그러나 가루는 목에 붙을 수 있으므로 반드시 식재료와 섞어 따뜻하게 먹여야 한다.

콩가루: 5~6개월부터. 오래 보존할 수 있고 소화 흡수도 좋다.

가쓰오부시: 7~8개월부터. 가루를 내어 먹으면 특유의 풍미를 느낄 수 있다.

파래 김 가루: 7~8개월부터. 구운 김보다 쉽게 사용 가능하다. 미네랄 보충에 좋다.

갈은 흰 깨: 9~11개월. 깨는 양질의 지방이 풍부하다. 다른 식재료와 무침을 해도 좋다.

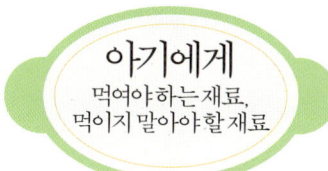

처음 이유식을 시작할 때면 사랑하는 아기를 위해 맛있으면서 영양가 있는 것을 많이 먹이고 싶은 것이 모든 부모의 마음이다. 그러나 아기의 위와 장은 아직 미숙하므로 소화기에 부담이 적은 것을 조금씩 먹이고 천천히 종류와 양을 늘려가는 것이 좋다. 알레르기가 걱정된다면, 하루에 한 종류만 먹인다. 철저히 가열하고 곱게 으깨고 끈기를 만들어 먹기 쉽게 조리해, 아기의 이유식 시간을 즐겁게 만들어준다.

시기에 따라 아기에게 먹여야 하는 재료가 있고 먹이지 말아야 할 재료가 있다. 아기에게 꼭 필요한 각각의 영양소에 따라 매우 다양한 식재료들을 분류해보았다. 때로는 특정 재료에 대해 알레르기를 일으키는 경우도 있고, 아기마다 몸과 마음의 성장 시기가 달라 엄마를 당황하게 하는 경우도 있다. 어떤 경우든 편안한 마음으로 아기의 성장에 맞추어 진행하면 된다.

단백질 섭취에 좋은 생선과 고기 등 동물성 단백질은 지질이 적은 것을 선택하고, 달걀 또한 알레르기 예방을 위해 7~8개월 시기 이후에 아이의 상태를 보면서 준다. 완숙 노른자를 시작으로 익숙해지면 흰자, 그 후엔 전란을 준다. 달걀은 알레르기 걱정과 함께 살모넬라 균에 따른 식중독의 가능성도 있어 확실히 익혀 먹여야 한다. 육류는 닭고기로 시작해 소고기, 돼지고기 순서로 먹이는 것이 좋다. 이유식에는 플레인 요거트를 사용하는 것이 원칙이지만 저당 요거트를 사용해도 괜찮다. 제품 성분을 확인하고, 당이 1~3%인 것을 선택한다. 당분이 많은 과일 요거트는 아기에게 주지 않는다. 밀가루는 알레르기를 일으키기 때문에 면류나 빵은 생후 6개월 이후부터 사용한다. 이유식의 처음에는 과일도 가열해 사용하고, 비타민, 미네랄, 식이섬유가 풍부한 야채와 과일은 쓴맛이 적은 것을 소화하기 쉽게 조리해 5~6개월 시기부터 줄 수 있다.

○: 그 기간의 아기에게 먹여도 된다. 주는 양과 크기에 주의한다.
△: 그 기간에 먹여도 된다. 적극적으로 먹이지 않아도 된다. 컨디션을 보고 소량만 준다.
×: 그 기간에는 아직 먹으면 안 된다.

탄수화물

식재료	5~6개월	7~8개월	9~11개월	1~1세 반	포인트
흰쌀	○	○	○	○	10부 죽부터 시작해 서서히 수분을 줄인다
찹쌀떡	×	×	×	×	목에 끼어 질식할 수 있다
우동	△	○	○	○	푹 익혀 잘게 잘라준다
소면	×	○	○	○	염분이 많아 한 번 삶는다
쌀국수	×	△	○	○	탄력이 있어 푹 삶아 자른다
당면	△	○	○	○	푹 불려 잘게 잘라 수프에 넣는다
식빵	○	○	○	○	6개월 이후 가능하고 처음에 빵죽으로 시작한다
버터롤	△	○	○	○	지방이 많아 조금씩 먹인다
바케트	△	○	○	○	딱딱해 빵죽으로 먹인다
스파게티	×	△	○	○	탄력이 있어 우동보다 천천히 시작한다
마카로니	×	△	○	○	탄력이 있어 부드럽게 익혀 잘게 자른다
플레인 시리얼	×	○	○	○	우유에 담궈 부드럽게 준비한다
오트밀	×	○	○	○	우유나 따뜻한 물에 넣어 익힌다
팬케이크	×	×	○	○	시판용 말고 집에서 만든다
감자	○	○	○	○	곱게 으깨면 먹기 좋다
고구마	○	○	○	○	단맛이 있어 먹이기 쉽다

:: 쌀의 10배의 물을 넣고 10부 죽으로 시작해 점점 물의 비율을 줄여간다. 익숙해지면 빵을 넣은 죽이나 우동으로 대신해도 된다. 채소를 수프, 우유, 토마토페스토 등을 더해 조리해도 된다. 한번에 많이 만들어, 한 끼 필요한 만큼 나누어서 냉동하면 편리하다.

단백질

식재료	5~6개월	7~8개월	9~11개월	1~1세 반	포인트
흰살 생선,도미, 넙치,가자미	○	○	○	○	강판에 갈아 죽과 수프에 넣는다
대구	×	×	○	○	알레르기 때문에 다른 생선보다 늦게 시작한다
연어	×	○	○	○	염분 없는 생물을 사용한다
붉은살 생선, 참치, 다랑어	×	○	○	○	가열해 잘게 잘라 죽과 수프에 넣는다
등푸른 생선, 정어리, 꽁치	×	×	○	○	DHA, EPA가 풍부하고 지방이 많아 9개월 이후부터 시작한다
고등어	×	×	△	○	강한 알레르기에 주의하며 신선한 것을 잘 익혀 먹는다
굴	×	×	×	○	잘 가열해 다져서 사용한다
모시조개, 바지락	×	△	○	○	7~8개월엔 국물로, 9~11개월엔 다져서 사용한다
새우	×	×	×	△	알레르기가 있어 천천히 사용하며 잘게 갈아 먹기 쉽게 만든다
게	×	×	×	△	알레르기 가능성이 있어 잘 익혀서 천천히 먹인다
오징어	×	×	△	○	탄력이 있어 먹기 좋게 다진다
문어	×	×	△	○	어묵처럼 갈거나 다져 부드럽게 한다
생선회	×	×	×	×	반드시 익혀서 먹는다
장어구이	×	×	×	△	뼈가 있고 지질이 있어 이유식으로는 사용하지 않는다
명란	×	×	×	△	염분이 많아 사용하지 않으며 반드시 가열한다.

:: 단백질은 알레르기를 일으킬 가능성이 높아, 이유식 재료로 주의해야 한다. 확실히 가열하고 소량씩 먹여 아기의 상태를 살펴야 한다. 알레르기를 일으키지 않는 참돔이나 실치부터 시작한다. 흰살 생선은 저지방으로 영양도 높아 이유식 식재료로 좋다. 알레르기 걱정이 적은 참돔을 강판에 갈아서 시작한다. 이유식은 한 번에 적은 양을 조리하기 때문에 생선회가 사용하기 편하다. 그러나 잘 가열해야 한다. 실치는 물에 데쳐 염분을 빼고 죽에 넣는 것이 좋다. 가공품은 염분, 첨가물을 주의하며 사용한다.

식재료	5~6개월	7~8개월	9~11개월	1~1세 반	포인트
실치	○	○	○	○	염분을 없애면 사용해도 좋다. 상하기 쉬워 남은 것은 냉동보관한다
참치캔	×	○	○	○	데쳐 지방을 없애고 사용한다
어육소시지	×	×	×	○	무첨가 소시지만 사용한다
어묵	×	×	△	△	씹기 어려워 자주 사용하지 않는다. 첨가물이 적은 것을 사용한다
게맛살	×	×	×	△	염분, 첨가물 때문에 데쳐서 사용한다
닭 안심	×	○	○	○	저지방으로 이유식에 좋아 갈거나 으깨어 사용한다
닭 가슴, 다리살	×	△	○	○	닭 안심이 익숙해지면 사용한다
쇠고기	×	×	○	○	닭고기가 익숙해지면 지방이 적은 붉은 살코기로 사용한다
돼지고기	×	×	○	○	지방이 많아 닭고기에 익숙해지고 나서 사용하며 확실히 익힌다.
베이컨, 햄, 소시지	×	×	×	○	염분, 지방을 제거하고 첨가물 적은 것만 데쳐 소량 사용한다

고기는 저지방의 닭 안심부터 시작한다.

고기는 7~8개월부터 시작한다. 지방이 적은 부위을 선택해 닭고기, 쇠고기, 돼지고기순으로 먹인다. 닭 안심은 저지방 식품으로 소화가 잘되어, 냉동한 후 강판에 갈아 죽에 넣거나 끈기 있는 수프에 넣고 끓이면 먹기 쉽다. 다진 고기는 지방이 많아 1세가 넘어 먹기 시작한다. 모든 고기는 붉은 살코기부터 먹이는 것이 좋다.

유제품과 콩 제품은 이유식에 좋다.

유제품은 이유식에 적합하지만 알레르기를 일으킬 가능성이 있어, 처음에는 소량만 주고 아기의 상태를 봐야 한다. 요거트는 플레인을 선택한다. 산미가 있어 당근이나 단호박 등 단맛이 있는 채소, 사과나 바나나 등 과일을 으깨 섞어 먹이는 것이 좋다. 알레르기 예방을 위해 채소와 과일은 가열하여 사용한다. 콩 제품도 소화 흡수가 좋고 영양도 있어 이유식에 적합하다.

식재료	5~6개월	7~8개월	9~11개월	1~1세 반	포인트
우유	×	○	○	○	조리에 사용해도 좋다. 마시는 것은 1세 이후부터
플레인 요거트	×	○	○	○	끈기가 있어, 채소와 과일과 어울린다
탈지분유치즈	×	○	○	○	염분, 지방이 적어 추천한다
두부	○	○	○	○	처음 먹는 식물성 단백질 식품이다. 체에 걸러 따뜻하게 데우거나 따뜻한 물에 풀어서 조리한다
콩	×	×	○	○	끓여 껍질을 벗기고 푹 익혀 으깨어 먹인다
두유	○	○	○	○	성분무조정 두유를 가열 조리에 이용. 1세 이후부터 마시게 한다
콩가루	○	○	○	○	분말은 먹기 어려워 죽이나 수프에 넣어 먹는다
비지	×	△	○	○	다른 식재료와 섞어 먹기 쉽게 조리한다. 변비 해소에 좋다
노른자	×	○	○	○	완숙 노른자 1숟가락으로 시작. 다시다물에 풀어 먹여도 된다
흰자 (전란)	×	△	○	○	노른자를 잘 먹으면 소량으로 시작. 완숙을 사용한다
생달걀	×	×	×	×	알레르기와 식중독 때문에 사용하지 않는다

:: 달걀을 먹이는 방법과 양
알레르기 반응이 강한 흰자는 노른자가 익숙해지면 먹이기 시작한다. 모든 이유식의 달걀은 완숙을 사용한다.
7~8개월: 노른자 1큰술, 노른자 1개, 달걀 1/3개로 늘려간다.
9~11개월: 달걀 1/2개
1~1세반: 달걀 1/2개, 달걀 2/3개로 늘려간다.

비타민, 미네랄

채소와 과일은 가열하면 단맛이 증가하고, 다른 식재료와 섞이는 상성이 좋다. 건강한 성장을 돕는 중요한 영양원이다.

식재료	5~6개월	7~8개월	9~11개월	1~1세 반	포인트
당근	○	○	○	○	가열하면 단맛이 나온다. 음식의 색을 좋게 하고 영양도 좋다
시금치	○	○	○	○	부드러운 잎 부분을 데친 뒤 물에 행궈 떫은 맛을 제거한다
단호박	○	○	○	○	가열해 으깨면 먹기 쉽고 단맛이 있는 이유식이 된다
토마토	○	○	○	○	씨와 껍질을 제거하고 수프에 넣는다
피망	×	○	○	○	데쳐내 껍질 벗기고 갈거나 으깨 사용한다
브로콜리	○	○	○	○	5개월부터 갈거나 으깨 죽이나 수프에 넣는다
아스파라거스	○	○	○	○	섬유질이 적은 신선한 것을 골라 부드러운 앞 부분을 사용한다
껍질콩	△	○	○	○	불린 뒤 아 껍질을 벗겨내고 잘게 다진다
강낭콩	△	○	○	○	잘게 다져 사용한다
무	○	○	○	○	부드럽게 익으면 단맛을 내므로 갈거나 으깨서 끓인다
가지	△	○	○	○	껍질을 벗기고 데쳐서 떫은맛을 없애고 잘게 잘라 사용한다
오이	△	○	○	○	껍질을 벗기고 가열해 갈거나 으깨 다른 재료와 섞는다
대파	○	○	○	○	부드럽게 익혀 단맛이 나오면 갈거나 으깨거나 잘게 다진다
양파	○	○	○	○	끓이거나 볶아 단맛이 나오게 한 뒤 갈거나 으깨거나 잘게 자른다
양상추	△	○	○	○	가열해 부드럽게 해 수프에 올린다
양배추	○	○	○	○	잎 앞부분을 익혀 단맛이 나오게 한다.

샐러리	○	○	○	○	섬유가 많아 믹서에 갈아 수프에 넣는다
연근	×	×	○	○	떫은맛을 빼고 갈거나 으깨 부드럽게 끓인다
우엉	×	×	○	○	떫은맛을 빼고 부드럽게 익힌다. 변비에 좋다
콜리플라워	○	○	○	○	처음엔 이삭 부분을 삶아 잘게 다져서 사용한다
숙주	△	△	○	○	꼬리와 머리를 다듬어 데쳐 사용한다
그린빈	×	○	○	○	부드럽게 익혀 껍질 제거 후 갈거나 으깨 사용한다
팥	△	○	○	○	삶아 껍질 벗기고 으깨준다
사과	○	○	○	○	강판에 갈아 먹기 쉽게 만든다 변비와 설사에 효과가 있다
딸기	○	○	○	○	곱게 으깨 요거트와 함께 먹인다
바나나	○	○	○	○	에너지원이 된다. 끈적끈적해 이유식에 적합하다
귤, 오렌지	○	○	○	○	껍질 벗겨 과육만 쓴다. 변을 부드럽게 해준다
복숭아	○	○	○	○	산미가 없는 물렁한 식감을 아기들이 좋아한다
멜론	○	○	○	○	과즙이 피부에 닿으면 가려울 수 있다
수박	○	○	○	○	수분이 많아 5개월부터 섭취 가능하다
포도	○	○	○	○	껍질 벗기고 으깨준다
키위	○	○	○	○	씨 부분을 제거한다
배	○	○	○	○	처음엔 익혀서 먹인다
망고	○	○	○	○	알레르기와 입 주변 가려움을 주의해 소량만 먹인다
파인애플	×	×	△	△	섬유질이 많아 먹기 어렵다
아보카도	×	△	△	○	지방이 많아 소량만 사용한다
블루베리	○	○	○	○	껍질을 벗기고 으깨 요거트에 넣는다

이유식에는 계절 채소와 과일을 듬뿍 사용한다.

채소는 가열 조리가 원칙이다. 쓴맛이나 떫은맛이 강한 것, 조리해도 뻣뻣한 채소는 사용하지 않는다. 초기에는 알레르기 예방을 위해 가열한다. 특히 파인애플은 단백질 분해 효소를 가지고 있어 아기 혀가 따끔따끔할 수 있으므로 초기일수록 가열해서 사용한다.

해초류

식재료	5~6개월	7~8개월	9~11개월	1~1세 반	포인트
미역	×	△	○	○	소금기를 물에 씻어 국을 끓인다
톳	△	△	○	○	부드럽게 익혀 밥이나 두부에 섞는다
구운 김	△	○	○	○	목에 걸리지 않게 주의한다
파래	△	○	○	○	먹다가 사레 들리지 않게 죽과 두부에 섞는다
우뭇가사리	△	△	○	○	여러 식재를 젤리 형태로 만들어준다. 목에 걸리지 않도록 주의한다

조미료와 오일

이유식에 조미료는 필요 없다. 풍미를 내려면 극소량만 사용한다. 다시마물을 만들어 쓰고, 무첨가 다시 팩을 사용한다. 이유식은 식재료의 본연의 염분과 단맛을 기본으로 한다.

식재료	5~6개월	7~8개월	9~11개월	1~1세 반	포인트
흰설탕	×	×	△	△	식재료에서 나오는 단맛으로 충분하다. 극소량만 사용한다
소금	×	△	△	△	식재료나 모유에 포함된 염분으로 충분해 사용하지 않는다
간장	×	△	○	○	염분이 많아 1~2방울만 사용한다
된장	×	△	○	○	무첨가를 선택하며 된장국은 성인의 3~4배 엷은 맛으로 만든다
토마토케첩	×	×	△	△	맛이 진해 소량만 사용하며 토마토퓨레가 더 좋다
마요네즈	×	×	×	×	달걀 알레르기를 일으킬 수 있어 사용하지 않는다
버터	×	×	△	○	무염 버터를 소량만 사용한다
마가린	×	×	×	×	트렌스지방산이 있어 사용하지 않는다
생크림	×	△	△	△	지방이 많아 소량만 사용하고 식물성 생크림은 쓰지 않는다
굴소스	×	×	×	△	염분, 당분, 첨가물이 많아 소량만 사용한다
미림	×	×	×	△	당분이 많아 사용하지 않으며 가열해 알코올을 날린다
후추	×	×	△	△	사용하지 않는다
카레가루	×	×	△	△	사용하지 않는다
꿀	×	×	×	×	1세 이후에 사용한다
식물성 오일	△	○	○	○	올리브유, 포도씨유, 카놀라유, 콩기름, 옥수수유 등. 많이 쓰지 않게 주의한다.
참기름	×	×	△	△	많이 쓰지 않게 주의한다
들기름	△	○	○	○	알레르기 예방에 효과적이다
식초	△	○	○	○	아기는 신맛을 싫어해, 소량만 사용한다

마실 것

차 종류는 카페인을, 주스 종류는 당분을 신경 써야 한다. 무엇보다 아기가 마실 것은 끓인 것을 기본으로 하고 따뜻하게 주는 것이 좋다. 보리차도 성인용 말고 아기용 무첨가 제품을 사용한다.

식재료	5~6개월	7~8개월	9~11개월	1~1세 반	포인트
보리차	○	○	○	○	무첨가 제품을 사용한다
녹차	×	×	△	△	카페인, 탄닌 때문에 옅게 우려서 소량만 사용한다
코코아	×	×	△	△	설탕을 넣지 않고 우유를 섞어 먹인다
홍차	×	×	×	△	카페인, 탄닌이 많아 먹이지 않는다
허브티	×	×	×	△	인체에 유해한 것이 포함되어 있어 먹이지 않는다
과즙 100%주스	△	△	△	△	당분이 많아 2~3배 희석해 조금만 준다
채소 주스	△	△	△	△	무염을 골라 적은 양만 마시게 한다
과즙 넣은 주스	△	△	△	△	당분이 높고 향료, 첨가물이 있어 피하는 것이 좋다
유산균음료	×	×	△	△	당분이 많아 소량만 먹인다
탄산음료	×	×	×	×	자극이 강하고 당분 많아 먹이지 않는다
세이크	×	×	×	×	당분이 많아 먹이지 않는다
유아용 주스	△	△	△	△	당분이 많아 소량만 먹인다
생수	×	△	△	○	끓여 식힌 따뜻한 물이 좋다
마시는 요거트	×	×	△	△	당분이 많아 소량만 먹인다
유아용 이온음료	△	△	△	△	발열, 설사 시 탈수방지로 마시게 한다. 평소에는 먹이지 않는다

머리 좋아지는
이유식

막 태어난 아기의 뇌는 성인의 25% 크기다. 1년 후에 80%, 3세에는 약 90%까지 성장한다. 크기만이 아니라, 뇌의 신경 세포가 촘촘히 연결되어, 지식이 증가하고 생각하는 힘도 발달하는 시기가 유아기다. 이처럼 중요한 시기에 뇌를 키우는 음식물을 먹이는 것이 중요하다. 그러나 뇌는 몸의 일부다. 몸 전체의 영양 밸런스를 생각해 먹이는 것이 중요하다. 머리가 좋아지는 이유식은 3회식을 하는 9~11개월 이후부터 시작해도 충분하다.

5가지 기본 룰

1 5대 영양소를 밸런스 있게 먹인다

에너지원인 탄수화물, 세포막을 구성하는 지방, 몸의 조직을 만드는 단백질, 체내 중요한 역할을 하는 미네랄과 비타민을 어느 한쪽으로 치우치지 않게 골고루 먹인다. 아침에 탄수화물 위주의 식단이었다면 점심에는 단백질과 비타민을 보충해 하루에 필요한 영양소를 골고루 섭취하게 한다.

2 뇌의 에너지 원인 밥을 확실히 먹인다

밥을 충분하게 먹인 후에 간식을 주는 것이 좋다. 뇌가 움직이는 에너지원인 탄수화물은 천천히 혈당을 올려 포도당을 보급하는데, 간식에 많이 든 설탕은 섭취하는 순간 혈당을 급속하게 올려버린다. 또한 간식을 지나치게 먹이면 아이가 제대로 밥을 먹지 않게 되어 충분한 영양소를 얻지 못한다.

3 생선을 적극적으로 메뉴에 넣는다

태아와 유아의 뇌와 뼈, 눈 발달을 촉진하는 것으로 알려진 오메가3 지방산이 생선에 많기 때문에 이유식으로 생선을 먹이는 것이 좋다. 참치캔 같은 통조림을 사용할 때는 염분에 주의해야 하며 첨가물이 많기 때문에 자주 주지는 말아야 한다.

4 철분이 부족한 것을 주의한다

태어난 지 6개월이 지나면서부터 성장을 위해 철분을 많이 필요로하게 되며 부족할 때는 자칫 빈혈이 올 수 있다. 철분은 모유나 분유로 받아들이는 데에는 한계가 있기 때문에 이유식으로 꼭 보충해줘야 한다. 소고기 안심을 다져 사용하면 이유식으로도 충분히 철분을 보충할 수 있다.

5 9~11개월 시기부터 뇌의 발달을 의식한다

아이가 손으로 집어 먹을 수 있는 메뉴를 만들어주는 것이 좋다. 식빵을 토스트해 적당한 크기로 잘라 손으로 잡고 먹게 하고, 스틱 모양이 익숙해지면 편편하게 삼각으로 잘라 먹이는 등 같은 재료라도 먹는 방법을 달리해보자. 당근을 적당한 크기로 잘라 물에 넣고 부드러워질 때까지 익힌 후 식혀 손으로 잡고 먹을 수 있도록 해주는 것도 좋다.

이것이 정말인가요?
뇌 발달과 음식의 Q&A

Q 손으로 집어 먹는 것을 시키면, 뇌가 발달하나요?

A 엄마가 줄 때까지 기다리지 않고, 자신이 먹고 싶다고 행동하는 것이 손으로 잡고 먹는 것이다. 손으로 잡고 먹거나 숟가락, 포크, 젓가락을 사용하는 것은 뇌가 발달해간다는 증거다. 그 원동력은 스스로 할 수 있다는 자신감을 갖게 하는 일이다. 더러워진다며 엄마가 먹여주는 것은 피해야 한다.

Q 단맛의 과자는 뇌에 좋다는데, 사실일까요?

A 당질(탄수화물)은 뇌가 움직이는 에너지원에 있는 포도당을 만든다. 그러나 밥과 빵 등 곡식은 천천히 혈당치를 올려 포도당을 보급하지만, 설탕 등의 감미는 급속하게 혈당치를 올린다. 또 단 것만 먹으면 뇌를 만드는 단백질과 지질 등의 영양소를 충분히 얻지 못할 가능성이 있다.

Q 과자와 레토르트 식품이 뇌에 좋지 않다는 것은 정말인가요?

A 과자는 염분과 지방분이 많고, 첨가물도 신경 써야 한다. 레토르트 식품은 아기용으로 만든 고품질의 것도 있지만, 고지방의 것도 적지 않다. 아기의 뇌와 몸의 성장에 필요한 영양소는 다양하다. 과자를 먹어 배가 부르면, 식사로부터 필요한 영양분을 얻지 못한다.

Q 정해진 시간에 먹는 것이 뇌에 좋은가요?

A 인간은 수면 중에 성장 호르몬을 분비하고, 학습한 것을 정리한다. 질 좋은 충분한 수면은 뇌의 성장과 발달에 아주 중요하다. 그 때문에 생활 리듬을 안정시키고 일찍 자고 일찍 일어나는 습관을 들이는 것이다. 식사 시간을 일정하게 하면, 자연히 생활 리듬이 생겨 수면도 규칙적으로 하게 되고, 따라서 뇌에도 좋은 영향을 준다.

Q 잘 씹으면 뇌의 움직임이 좋아진다는 것은 정말인가요?

A 씹을 때 뇌의 상태를 보면 신경 세포의 운동을 활발하게 한다. 씹는 것으로 뇌는 좋은 자극을 받는다.

Q 대화하면서 먹으면 머리가 좋아지나요?

A 대화하는 것은 뇌에 자극이 된다. 커뮤니케이션은 뇌를 자극시킨다. 부모가 먹는 것을 즐겁고 중요하게 여기는 것을 보여주는 것이 중요하다. 아기 혼자서만 이유식을 먹는 것이 아니라, 가족과 함께 식탁에 둘러앉아 대화를 주고받으며 먹을 수 있도록 해야 한다.

식품 알레르기를 이해하자

내 몸의 중요한 구성 물질이 될 이로운 식품을 몸이 이물질로 판단하여 일어나는 현상이다. 우리가 살아가기 위해서는 반드시 먹어야 한다. 그러나 그 중요한 먹을거리를 우리 몸에서 체내에 넣으면 안 되는 이물질로 판단해, 쫓아내려고 과도한 반응을 일으키는 것이다.

영유아의 경우, 이런 과잉 반응(알레르기 반응)을 일으키는 식품은 달걀, 유제품, 밀가루다. 모두 성장에 필요한 단백질을 가지고 있는 우수한 식품이지만, 어떤 경우에는 몸이 그것들을 이물질로 판단한다. 원래 식품은 몸에 들어온 이물질을 자신과 다른 것이기에 몸에서 쫓아내야 한다고 반응한다. 성인의 경우 식품의 분자가 체내에 들어와도 중요한 영양분이라고 생각해 받아들이는 기능이 있다. 성인은 식품을 충분히 작게 소화시키고 분해할 수 있기 때문에 몸에 들어온 성분이 이물질이라고 판단하는 경우가 적다.

아기는 소화 기능이 아직 완성되지 않아, 식품을 충분히 작게 소화시킬 수 없다. 특히 단백질의 소화 흡수가 어렵다. 단백질 성분도 익숙하지 않다. 그런 이유로, 아기는 달걀이나 우유 등의 단백질을 몸을 방해하는 물질로 감지해 몸에서 내보내고 싶어하기 때문에, 여러 가지의 병증을 일으키게 되는 것이다.

알레르기를 일으키는 식품

성인이 되어 처음으로 알레르기가 생기는 사람도 있지만, 일반적으로 식품 알레르기는 영유아기에서 시작된다. 0~1세의 원인은 달걀이 많고, 2세를 넘으면 감소해 점차 알레르기 증상이 발생하지 않게 된다. 한편, 새우와 게 등의 갑각류와 밀가루, 과일 등은 성인까지 꾸준히 알레르기 반응을 보인다.

0세, 89%: 달걀, 유제품, 밀가루순

1세, 80%: 달걀, 유제품, 밀가루, 생선 알, 어류순

2~3세, 71%: 달걀, 유제품, 밀가루, 생선알순

4~6세, 66%: 달걀, 유제품, 갑각류, 과일, 피넛순

7~19세, 61%: 갑각류, 달걀, 메밀, 밀가루, 과일순

20세 이상, 64%: 갑각류, 밀가루, 과일, 생선순

알레르기로 인한 증상

피부: 가렵다/ 붉어진다/ 붓는다/ 두드러기와 습진이 생긴다

눈: 충혈된다/ 가렵다/ 눈 주위가 붓는다/ 눈꺼풀이 붓는다

소화기: 복통, 설사/ 기분이 나쁘다/ 토한다

코: 기침, 콧물, 코 막힘, 재채기/ 씩씩거리며 호흡한다/ 호흡하기 힘들다

입, 목: 입안, 입술, 혀에 위화감이 있다/ 붓는다/ 목이 가렵거나 따끔따끔하다

영유아의 식품 알레르기는 개선된다는 것이 가장 큰 특징이다. 여러 조사에서, 아기 열 명 중 한 명이 이러한 식품 알레르기를 가지고 있다고 한다. 그러나 여러 검사의 결과 아기가 알레르기가 있다는 말을 들어도 너무 걱정하지 말자. 왜냐하면, 아기 때의 식품 알레르기는 대개가 성장하면서 개선되기 때문이다. 실제 달걀, 우유, 밀가루에 알레르기 반응을 보이는 아기도, 그중의 80~90%가 초등학교에 가면 자연 치유된다.

그 비밀은, 우선 소화 기능의 발달 때문이다. 아기 때는 소화 기능이 미숙하다. 특히 단백질의 분자는 크기 때문에 그대로 몸에 흡수되는데, 몸이 그 분자를 이물질로 생각한다. 그러나 성장하면서 단백질의 분해 능력이 좋아진다. 동시에 몸에 익숙해져서 그것을 중요한 영양분으로 받아들이게 된다.

의사의 진단으로 이유식부터 달걀, 우유를 먹이지 말라는 경우에는 아기에게 먹이지 말아야 한다. 자라면서 자연스럽게 먹을 수 있게 될 것이므로, 마음을 느긋하게 갖고 알레르기를 일으키는 식품과 천천히 친해지도록 하면 될 것이다.

:: 식약청에서는 한국인들에게 자주 알레르기를 유발하는 식품을 지정하고, 이를 별도로 표기할 수 있도록 관련 법령을 2014년에 개정했다.

부모가 알레르기면 아기도 알레르기인가

알레르기 반응이 나오기 쉬운 체질은 부모가 아기에게 물려준다. 부모가 꽃가루 알레르기, 아토피성 피부염이 있으면 아기도 그런 체질이 숨어 있을 가능성이 높다고 생각해도 된다. 그래도 실제의 알레르기 증상이 나오느냐 안 나오느냐는 별개의 문제다. 알레르기 체질을 가지고 있어도 꼭 알레르기 증상이 나오는 것은 아니기 때문이다.

아토피성 피부염과 식품 알레르기는 관계가 있을까

아토피성 피부는 알레르기와 비슷하다. 아토피성 피부염의 배경은 알레르기를 일으키기 쉬운 체질과 관계가 있다. 그래도 아토피성 피부염이 식품 알레르기라고는 단정할 수 없다. 영유아의 아토피성 피부염은 체질뿐아니라, 집 안의 먼지 진드기, 곰팡이 등도 악화의 원인이다.

확실히 아기의 아토피성 피부염에는 식품 알레르기도 관계가 있다. 달걀과 우유 등 특정한 식품이 악화 원인이 되는 아기도 많이 있는 반면, 그 식품과 아무 관계가 없는 아기도 있다. 그렇기 때문에 아토피성 피부염이 있다고 해서 달걀과 우유를 자가 판단으로 제한해서는 안 된다. 그것들은 아기에게 중요한 영양원이기 때문에 정말 아토피성 피부염의 악화 원인이 되는가 아닌가는 우선 의사의 진찰과 진단을 받는 것이 중요하다. 그저 무섭다는 이유만으로 제한하지는 말아야 한다.

입 주변 피부염은 식품 알레르기인가

아기는 침을 흘려 입 주변이 축축해 짓무르거나 피부염이 나는 경우가 있다. 이유식을 시작한 아기라면, 식품에 포함되어 있는 염분 때문에 염증이 나는 일도 있다. 그것은 식품 알레르기와는 관계가 없다. 아기의 피부가 민감하기 때문에 그런 트러블이 일어나기 쉽다. 그래서 의사의 진단을 받기 전에 "○○을 먹으면 입 주변이 짓무른다. 그것이 알레르기다"라고 식품을 제한하면 안 된다.

식품 제거는 필요 최소한으로 영양을 배려하며 이유식을 진행하자

식품 제거는 의사와 영양사의 지도를 받고 해야 한다. 제거 실험을 하고 특정의 식재료를 제거하는 것이 좋다고 의사가 판단하면 지시에 따라 제거한다. 제거 시 중요한 것은 필요 최소한으로 해야 한다는 것이다. 무엇이든 제한하면 필요한 영양도 부족해지기 때문이다. 먹고 실제 증상이 악화되는 식재료는 제거하는 것이 원칙이다. 예를 들어, 달걀흰자를 먹어 증상이 생기더라도, 완숙한 노른자는 괜찮은 경우도 있다. 생각지도 않은 가공식품에 달걀 성분이 들어 있기도 하고 그런 식품에 반응이 나오기도, 안 나오기도 하는데, 그건 아기에 따라 다르다. 귀찮더라도 식사 일지를 써서 섭취한 것과 증상의 유무 정도를 매일 기록하는 것이 좋다.

영유아의 경우, 달걀과 우유, 밀가루 등은 성장하면서 증상이 개선되는 경우가 많다. 실제, 영유아의 식품 알레르기의 최후 목표는 제한의 해결, 즉 그 식재료를 먹어도 괜찮아지는 상태가 되는 것이다. 식품 제거도, 먹을 수 있는 시기가 오면 자연스럽게 해결된다.

그러기 위해 정기적으로 의사에게 상담하고 그 식재료에 대한 반응이 변화하는지를 알아봐야 한다. 구체적으로는 부하 검사를 시행한다. 원인이 되는 식품을 조금, 실제로 먹어보는 것이다. 물론 중증의 반응이 나오면 큰일이니 의사의 지도와 관찰이 따라야 한다. 어떤 때는 원인 식품을 포함한 가공식품을 먹어보고, 특히 어떤 증세도 나오지 않았을 때가 제거 해결되기도 한다. 달걀 알레르기가 있는 아기도, 1~1세 반 정도가 되면, 약간의 양을 먹어도 괜찮다. 그 후에 순차적으로 양을 증가시켜가면 된다. 초초해하지 말고 기다려주는 것이 좋다.

식재료는 반드시 가열한다

아기에게 주는 식재료는 가열하는 것이 원칙이다. 가열하면 식품의 알레르기를 일으키는 정도가 감소된다. 달걀, 과일, 채소, 생선을 가열하는 것으로 식품의 성분이 변하고, 몸에 이물질이라는 신호를 보내기 어렵게 된다. 과즙과 과일도 초기에는 가열하는 것이 좋다.

단백질은 주는 순서와 시기를 지킨다

아기에 따라 고기류와 고기 국물 등에 반응하는 경우가 있다. 중요한 것은 주는 순서와 시기를 지키는 일이다. 또, 처음 한 숟가락을 주고 상태를 보면서 이유식을 진행한다.

장내 세균을 증진시킨다

비피더스균과 유산균 등 장내 유익균은 알레르기에 관여한 몸의 면역기능을 증가시키는 역할을 한다. 유제품에 알레르기가 없으면, 플레인 요거트를 적극적으로 먹인다. 또, 올리고당에는 유익균의 운동을 돕는 성분이 있다. 직접 만드는 간식에는 올리고당을 이용하면 좋다. 유산균 제품을 먹일 때에는 어떤 유산균이든 3개월 이상 복용해야 좋은 유산균이 장내에 살아남아 있을 수 있다. 먹이던 제품을 자주 바꾸지 말며, 한번 먹이기 시작하고 별 무리가 없으면 3개월 이상 지속적으로 한 제품을 먹여야 한다.

항산화 식품에 주목하자

참기름, 들기름은 산화하기 쉬운 것이 단점이다. 온도에도 약해, 시원한 곳에 보관한다. 개봉 후에는 냉장고에 넣고 빨리 사용한다. 또, 체내에서 산화를 억제하는 식품과 같이 먹이면 좋다. 된장, 녹황색 채소, 양파, 파 등의 채소와 향신료는 대표적인 항산화 식품이다.

대신할 수 있는 식재료들

달걀 대신
단백질 원으로 두부, 유제품, 육류(돼지, 소), 어류 등

우유 대신
두부, 육류 등, 칼슘이 많은 해초류, 톳, 실치, 두부 등

밀가루 대신
빵과 과자, 우동, 파스타와 같은 밀가루 식품 대신 밥, 녹말 등

시판 식품은 표시를 주목하자

시판 식품에는 식품 알레르기를 일으키는 성분을 포함하고 있으면, 그것을 표시하는 것이 법률로 정해져 있다. 무엇이 들어 있는지 확실하지 않은 것은 피하는 것이 좋다.

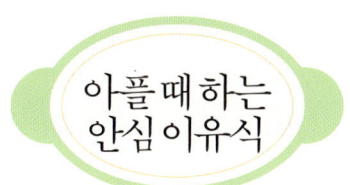

변비

이유식 포인트

1. 장을 활발하게 해, 배변을 도와주는 재료를 선택한다.
2. 유산균 등의 좋은 균을 적극적으로 먹인다.
3. 이유식의 양을 조절해주고 수분을 보충해준다.
4. 변비로 식욕이 없는 경우, 무리해서 먹이려 하지 말고 식욕이 돌아오면 영양을 보충해준다.

응가의 부피를 증가시키는 식재료

장내에서 흡수되지 않는 식이섬유가 풍부한 식재료는 응가의 부피를 증가시킨다.

장을 자극하면 아기가 응가를 하기 쉽다.

오트밀, 현미, 푸른 잎채소, 버섯, 우엉, 피망, 브로콜리, 감자, 양배추, 해초, 단호박, 토란, 우뭇
가사리, 무, 팥, 콩가루가 좋다.

응가를 부드럽게 하는 식재료

수용성 식이섬유, 펙틴을 많이 함유하고 있다.

펙틴은 비피더스균 등의 유익균을 증가시키고, 장내 환경을 정리해준다.

고구마, 바나나, 사과, 딸기, 토마토, 당근, 감귤류가 좋다.

 발열

이유식 포인트

1. 수분과 비타민, 미네랄을 보충한다.
2. 식욕이 생기면, 소화와 흡수에 좋은 것을 먹인다.
3. 열이 올라갈 때 무리하게 먹이지 말고 수분을 확실히 보충한다.
4. 열이 내려가기 시작하면 소화와 흡수가 용이하도록 전 단계의 이유식으로 되돌아가 조리해 주는 것이 좋다.

상승기	고열기(1~수일)	해열기	회복기(1~2일)
수분 보충 따뜻한 마실 것	실온의 마실 것 비타민, 미네랄 보충	식욕이 생기면 영양 보충	보통의 식사로 돌아온다
춥고 떨리고 손발이 차갑다	체온이 높은 상태가 계속된다	손발이 뜨겁고 얼굴이 붉고 땀이 난다	평소의 열로 내려온다

 구내염

이유식 포인트

1. 탈수를 일으키기 쉬우므로 수분을 보충한다.
2. 자극이 적고 부드럽게 넘길 수 있는 것으로 준비한다.
3. 젖꼭지를 싫어하면 숟가락이나 빨대를 사용한다.

이런 식재는 NO

산미가 강한 것, 감귤류 등
소금 맛이 강한 것, 생선, 고기의 가공품 등

딱딱한 것, 뿌리 채소, 크래커 등
너무 뜨거운 것

 설사

이유식 포인트
1. 탈수 예방을 위해 수분 보충이 가장 중요하다.
2. 체력 회복을 위해 될 수 있으면 빨리 보통의 이유식으로 돌아간다.

이런 식재는 OK
펙틴이 많이 함유되어 있는 당근 , 단호박, 사과 등

이런 식재는 NO
섬유가 많은 채소와 두부
버터, 크림, 식물성 기름 등의 유지류
우유, 요거트, 치즈 등의 유제품
감귤류

 구토

이유식 포인트
1. 강한 구토에는 아무 것도 주지 않는다.
2. 구토가 멈추면, 조금씩 수분을 보충한다.

산미가 있는 감귤류, 복숭아의 과즙, 요거트 등

단단한 것, 비스킷 등

뜨거운 것, 차가운 것

분말 상태, 콩가루 등

절식하는 방법

구토 후, 1~2시간 후, 수분 10ml

구토 후, 20~30분 후, 수분 10~30ml

구토 후, 20~30분 후, 수분 100ml

구토 후, 20~30분 후, 우유 30ml, 모유를 먹고 싶은 만큼

구토 후, 20~30분 후, 죽 또는 미음 2~3순가락

구토 후 , 20~30분 후, 죽 또는 미음 물 5~6순가락

20~30분 후, 소화 흡수가 좋은 식사를 한다.

수분을 마셔도 괜찮다면 처음에는 죽을 조금씩 먹인다.

죽을 먹어도 괜찮다면 소화 흡수가 좋은 이유식을 먹인다.

 기침

이유식 포인트

1. 기침이 잦아들면, 따뜻한 물을 조금씩 마시게 한다.
2. 이유식은 부드럽고 순한 맛으로 한다.

이런 식재는 NO

산미가 있는 것

단단하거나 분말 상태의 것

뜨겁거나 차가운 것

기침이 잦아들면, ORS(경구 보충액)이나 끓여 식힌 물을 조금씩 마시게 한다.

발열 회복기, 구내염, 설사 때는 수분이 많고 부드러운 메뉴가 좋다.

:: ORS(경구 보충액) 만들기: 끓는 물 1리터에 설탕 40g, 소금 3g을 넣어, 투명해질 때까지 저어 만든다. 사과와 레몬 등의 과즙을 향만 나도록 소량 넣으면 마시기 쉬워진다.

꼭 필요한
이유식 도구

1	2	3
4	5	6
7	8	9-1
		9-2

1 체	재료를 삶아서 곱게 내리거나 고운 가루를 낼 때, 육수를 거를 때 사용하면 편리하다.
2 미니 절구	견과류나 깨 등을 곱게 빻거나 익힌 채소나 밥을 짓이길 때 사용하면 편리하다.
3 강판	과일이나 채소를 갈 때 사용하면 편리하다. 믹서에 가는 것보다 영양 손실이 적다.
4 과즙기	오렌지나 귤, 레몬 등 과일즙을 낼 때 사용하면 편리하다.
5 전자저울	계량저울에도 여러 종류가 있지만 특히 전자저울은 이유식뿐만 아니라 제과, 제빵 등 다양한 요리에 활용할 수 있다. 눈금으로 된 저울도 좋지만 그보다는 1g까지도 미세하게 측정할 수 있는 전자저울이 좀 더 사용하기 편리하다.
6 계량컵	계량컵이 하나쯤 준비되어 있다면 정확한 물의 양을 측정하기에 편리하다. 200ml 정도 분량을 담을 수 있는 계량컵은 이유식 용도로 적당하다. 계량저울이 있다면 굳이 계량컵을 구입하지 않아도 된다. 일회용 종이컵의 분량은 180ml이니 적당하게 조절하여 사용하면 된다.
7 계량숟가락	밥숟가락만으로 충분히 이유식을 만들 수 있지만 계량숟가락을 하나쯤 구비하면 좀 더 편리하게 이유식을 만들 수 있다. 계량숟가락 1작은술(1ts)은 5g, 1큰술(1TS)은 15g 분량이다.
8 조리용 숟가락	스테인리스 재질을 사용해도 좋으나 고온에서도 탈색 또는 변색되지 않으며 부드러운 실리콘 소재를 사용한다. 나무 주걱도 좋지만 곰팡이가 생길 수 있으므로 꼼꼼한 관리가 필요하다. 나무 주걱은 편백나무 등 좋은 재질로 만든 제품을 구입하고, 사용 후에는 햇볕에 바짝 말려준다.
9-1 / 9-2 도마	도마는 위생적인 관리가 무엇보다 중요하다. 모든 재료별로 나눠 사용하는 것이 가장 좋지만 적어도 생선과 육류용, 채소와 과일용 두 가지는 구분해 사용한다. 나무 도마도 좋지만 항상 깨끗하게 관리하지 않으면 곰팡이가 생기고 세균이 번식할 우려가 있으므로 주의해야 한다. 색깔과 냄새가 쉽게 배지 않고 인체에 무해한 성분으로 만든 항균 처리 도마도 이유식용으로 좋다. 어떤 도마를 사용하더라도 꼼꼼하게 세척한 후에는 뜨거운 물을 부어 살균 처리하고 수시로 바람이 잘 통하는 햇볕에 말려준다.

10 믹서	믹서는 불린 쌀을 갈 때나 수프, 주스, 천연 조미료를 만들 때 이유식 전 과정에 걸쳐 꼭 필요하다. 적은 양을 만드는 이유식용으로는 미니 믹서가 사용하기에 간편하다. 특히 마른 재료용, 젖은 재료용 등으로 나뉘어 있는 제품을 재료와 용도에 따라 구분해 사용하면 편리하다.
11 가위	채소 잎을 손질하거나 김, 고기, 국수류를 자를 때 두루두루 유용하게 사용할 수 있다. 생고기나 생선을 자르는 가위는 따로 준비한다.
12 칼	용도별로 나눠 사용한다. 생선과 육류용, 채소와 과일용 두 가지로 구분해 사용하고 사용한 후에는 깨끗하게 세척해서 뜨거운 물을 부어 살균 처리한다.
13 프라이팬	프라이팬은 볶음밥이나 오믈렛, 반찬을 만들 때 사용한다. 코팅이 잘되어 있어 표면이 쉽게 벗겨지지 않는 제품, 스테인리스로 만든 제품이 안전하다.
14 찜통	생선을 찌거나 각종 찜 요리를 할 때 두루 사용할 수 있다. 대나무 찜통보다 스테인리스 찜통이 사용하고 관리하기에 편리하다.
15 이유식 보관 용기	만들고 남은 이유식은 냉장실에서 1일, 냉동실에서 3일 정도 보관할 수 있다. 이유식은 바로 중탕이나 전자레인지에 넣어도 안전하고 인체에 무해한 유리 용기에 담아 보관한다.
16 재료 보관 용기	재료를 손질한 뒤 작은 크기의 이유식 재료를 보관 용기에 1회분씩 담아 보관하면 필요할 때마다 하나씩 꺼내 사용하기에 좋다. 재료를 보관할 때 재료명, 보관 날짜, 용량을 함께 표기하면 다음에 사용하기에 편리하다.
17 육수 보관 용기	육수는 냉장고에서 3일 정도 보관이 가능하다. 유리병에 담아두고 이유식을 만들 때마다 덜어서 사용한다.
그 외 냉동 보관 용기	아이스 큐브 트레이: 다시마물이나 수프 등을 냉동시 사용. 냉동 후 꺼내어 밀폐 용기에 보존한다. 지퍼백: 식재료를 넣고 편편하게 하여 냉동한다. 랩: 수분이 적은 식재료를 1회분씩 싸서 냉동한다. 미니 사이즈 용기: 1회분씩 냉동 가능. 내열 용기로 전자레인지 사용 가능한 것을 선택한다.

PART 2

미음으로 시작하는
초기 이유식

만 5~6개월

쌀미음

〜재료〜

불린 쌀 15g, 물 150ml

1 불린 쌀은 물 50ml와 함께 믹서에 넣고 곱게 갈아준다.

2 냄비에 1과 나머지 물을 넣고 센 불에서 끓이다가 쌀죽이 부르르 끓어오르면 약한 불로 줄여 주걱으로 저어가며 5분 정도 더 끓여준다.

3 2를 고운 체로 걸러준다.

⊕ 이유식의 가장 처음은 쌀미음으로 시작합니다. 알레르기를 일으킬 우려가 가장 적기 때문이죠. 이유식을 처음 시작할 때 잘 먹는 아기가 있는 반면, 혀를 내밀며 안 먹는 아기도 있지요. 시작할 때부터 다른 아기와 비교하지 말고 우리 아기의 속도에 맞춰 편한마음으로 시작하세요. 쌀은 30분 정도 불리면 됩니다. 미음 농도는 약간의 점도가 있는 상태에서 주르륵 흘러내리는 정도가 알맞아요.

찹쌀미음

～재료～

불린 찹쌀 15g, 물 150ml

1 찹쌀은 물 50ml와 함께 믹서에 넣고 곱게 갈아준다.

2 냄비에 1과 나머지 물을 붓고 센 불에서 끓이다가 죽이 부르르 끓어오르면 약한 불로 줄여 주걱으로 저어가며 5분 정도 더 끓여준다.

3 2를 고운 체로 걸러준다.

⊕ 찹쌀의 따뜻한 성질은 소화가 잘되도록 도와주며 비타민B와 D가 많아 면역력을 높여줍니다. 쌀미음으로 시작해서 찹쌀미음으로 바꾸었다면 농도는 쌀미음보다 더 걸쭉할 수 있어요. 조금 묽게 하고 싶다면 물의 양을 조금 늘려보세요. 찹쌀은 30분 정도 불리면 됩니다. 만약 찹쌀가루로 만든다면 찹쌀가루 10g 정도를 사용하세요.

양배추미음

〜재료〜

불린 쌀 15g, 양배추 10g, 물 120ml

1 불린 쌀은 물 50ml와 함께 믹서에 넣고 곱게 갈아준다.

2 양배추는 깨끗이 씻은 후 두꺼운 부분을 제거하고 이파리 부분만 데친 후 손질하여 곱게 다져준다.

3 냄비에 1과 다진 양배추, 나머지 물을 넣고 센 불에서 끓이다가 끓어오르면 약한 불로 줄여 5분 정도 더 끓여준다.

4 3을 고운 체로 걸러준다.

⊕ 양배추에는 각종 비타민, 변비에 좋은 식물성 섬유가 많이 들어 있습니다. 이유식을 시작하면 아기가 변비에 걸리거나 반대로 설사를 하는 경우가 생기는데, 변비가 있을 때 양배추미음을 시작하면 좋아요. 양배추에는 칼슘도 많이 들어 있고 필수 아미노산인 라이신이 많아 아기 건강에 아주 좋아요.

애호박미음

~재료~

불린 쌀 15g, 애호박 10g, 물 120ml

1 불린 쌀은 물 50ml와 함께 믹서에 넣고 곱게 갈아준다.

2 애호박을 초기에 사용할 때는 껍질을 벗겨 데친 후 속살
   만 곱게 다져준다.

3 냄비에 1과 나머지 물을 넣고 센 불에서 끓이다가 끓어오
   르면 약한 불로 줄여 다진 애호박을 넣고 5분 정도 더 끓
   여준다.

4 3을 고운 체로 걸러준다.

⊕ 애호박은 덜 자란 호박으로 소화 흡수가 용이하고 두뇌 발달에
좋습니다. 연두색이면서 작고 윤기가 흐르며 꼭지가 마르지 않은 것
을 고릅니다. 꼭지 주변이 들어가 있고 크기에 비하여 무거울수록 맛
이 좋은데, 특히 여름 애호박은 자른 단면에 단물이 배어나올 정도
로 맛도 좋고 영양가도 높아요.

브로콜리미음

~ 재료 ~

불린 쌀 15g, 브로콜리 5g, 물 120ml

1 불린 쌀은 물 50ml와 함께 믹서에 넣고 곱게 갈아준다.

2 브로콜리의 줄기 부분은 질기므로 꽃 부분만 잘라 데친 후 곱게 다져준다.

3 냄비에 1과 나머지 물을 넣고 센 불에서 끓이다가 부르르 끓어오르면 약한 불로 줄여 다진 브로콜리를 넣고 5분 정도 더 끓여준다.

4 3을 고운 체로 걸러준다.

⊕ 브로콜리에는 비타민C가 레몬의 2배, 감자의 7배나 함유되어 있고 비타민B1, B2, 칼륨, 인, 칼슘 등의 미네랄이 풍부합니다. 특히 피부와 점막을 보호하고 세균 감염에 대한 저항력을 강화해주는 비타민A와 단백질 흡수를 도와주는 무기질 또한 풍부하게 들어 있어 이유식에 많이 사용됩니다. 브로콜리를 고를 때에는 황색 꽃이 피지 않은 것을 선택하고 사용하기 전에 안까지 꼼꼼하게 씻어주세요.

비타민미음

～재료～

불린 쌀 15g, 비타민 5g, 물 120ml

1 불린 쌀은 물 50ml와 함께 믹서에 넣고 곱게 갈아준다.

2 비타민은 줄기 끝부분을 자르고 손질해 끓는 물에 10초
   간 데친 후 건져 절구에 곱게 빻아준다.

3 냄비에 1과 나머지 물을 넣고 센 불에서 끓이다가 2의 비
   타민을 넣고 5분 정도 더 끓여준다.

4 3을 고운 체로 걸러준다.

⊕ 비타민은 이름 그대로 비타민이 풍부하게 들어 있는 채소입니다.
특히 체내에서 비타민A를 만드는 카로틴이 시금치의 2배나 되고, 철
분, 칼슘도 풍부해요. 줄기 부분은 질기고 단단해서 아기가 소화하기
어렵기 때문에 잎 부분만 떼어서 사용하고, 초기 이유식인 경우 체에
걸러 섬유질을 제거해 먹입니다.

고구마미음

~재료~

불린 쌀 15g, 고구마 10g, 물 120ml

1 불린 쌀은 물 50ml와 함께 믹서에 넣고 곱게 갈아준다.

2 고구마는 껍질째 찐 후, 껍질을 벗겨내고 작게 썰어둔다.

3 냄비에 1과 나머지 물을 넣어 센 불에서 한소끔 끓이다가 약한 불로 줄여 썰어둔 고구마를 넣고 5분 정도 더 끓여준다.

4 3을 고운 체에 거르면서 고구마를 숟가락으로 곱게 으깨준다.

⊕ 고구마는 식이섬유가 많아 변비 예방에 효과적입니다. 고구마에는 녹말 분해 효소인 아밀라아제가 들어 있어 가열하면 단맛으로 변해요. 비타민C가 많이 들어 있으므로 너무 오래 조리하지 말고 가열하면 쉽게 퍽퍽해질 수 있으니 주의하세요.

양배추
단호박미음

~재료~

불린 쌀 15g, 양배추 10g, 단호박 10g, 물 120ml

1 불린 쌀은 물 50ml와 함께 믹서에 넣고 곱게 갈아준다.

2 양배추의 뿌리쪽 질긴 부분은 제거하고 잎 부분만 삶은
후 곱게 다져준다.

3 단호박은 껍질과 씨 부분을 제거하고 5분간 찐 후 속살만
썰어둔다.

4 다진 양배추와 썰어둔 단호박을 한꺼번에 고운 체에 걸러
준다.

5 냄비에 1과 나머지 물을 넣고 센 불에서 끓이다가 끓어오
르면 약한 불로 줄인 다음 4를 넣고 5분 정도 끓여준다.

⊕ 두 가지 이상의 재료로 미음을 만들 때, 한 가지는 처음 먹어보는
재료로, 다른 한 가지는 그동안 알레르기 반응이 없었던 재료로 만
들면 아기의 알레르기 반응을 구분할 수 있어요. 단호박은 색깔이
고르게 짙고 단단하며 크기에 비해 무거운 것을 고릅니다.

사과미음

~재료~

불린 쌀 15g, 사과 10g, 물 120ml

1 불린 쌀은 물 50ml와 함께 믹서에 넣고 곱게 갈아준다.

2 사과는 껍질과 씨를 제거한 후 강판에 갈아준다.

3 냄비에 1과 나머지 물을 붓고 센 불에서 끓이다가 부르르 끓어오르면 간 사과를 넣고 약한 불로 줄여 5분 정도 더 끓여준다.

⊕ 단맛의 사과미음을 먼저 주면 아기가 심심한 이유식을 잘 먹으려 하지 않을 수도 있습니다. 그래서 쌀미음부터 시작해서 야채미음, 과일미음으로 순서를 정해보세요. 과일도 처음에는 즙으로 가열해서 시작하는 것이 좋습니다. 사과의 성분 중 당분과 유기산, 펙틴은 장 운동을 자극하여 변비에 걸린 아기라면 사과미음을 만들어 먹여보세요.

~재료~

불린 쌀 15g, 사과 10g, 콜리플라워 5g, 물 120ml

1 불린 쌀은 물 50ml와 함께 믹서에 넣고 곱게 갈아준다.

2 사과는 껍질을 제거하고 과육만 강판에 곱게 갈아준다.

3 콜리플라워는 500원짜리 동전 크기로 송이를 잘라내 5분 정도 삶아 곱게 다져준다.

4 냄비에 1과 나머지 물을 넣고 센 불에서 끓이다가 끓어오르면 불을 줄여 2와 3을 넣고 3분 정도 더 끓여준다.

⊕ 콜리플라워에는 비타민C와 비타민B1, B2가 많이 들어 있습니다. 식이섬유 함유량도 양배추나 배추보다 많아 이유식 재료로 활용하면 아기 건강에 좋습니다.

단호박배미음

~ 재료 ~

불린 쌀 15g, 단호박 10g, 배 5g, 물 120ml

1 불린 쌀을 물 50ml와 함께 믹서에 넣고 갈아준다.

2 단호박은 껍질째 찐 후 껍질과 씨 부분을 제거하고 속살
  만 체에 내려 으깨둔다.

3 배는 껍질을 제거하여 과육만 강판에 곱게 갈아준다.

4 냄비에 1과 나머지 물을 넣고 끓이다가 끓어오르면 2의
  단호박과 3의 배를 넣고 3분 정도 더 끓여준다.

⊕ 단호박과 배 모두 단맛이 나는 식재료라서 아기가 잘 먹습니다. 배
에는 수분이 많아 이유식을 조리할 때 수분 조절을 잘해야 하고, 아
기가 감기 기운이 있을 때에는 배즙을 내어 중탕으로 끓여 식혀서
주면 좋아요. 맛있는 배를 고를 때에는 껍질이 팽팽하며 묵직한 것을
고르고 상처가 없는 것이 좋으며 보관할 때에는 신문지에 싸서 냉장
보관하세요.

쇠고기미음

~재료~

불린 쌀 15g, 쇠고기 5g, 물 120ml

1 불린 쌀은 물 50ml와 함께 믹서에 넣고 곱게 갈아준다.

2 쇠고기는 나머지 물을 끓여 삶은 후 육수는 따로 두고 고기는 건져서 곱게 다져준다.

3 냄비에 1과 2의 육수, 다진 쇠고기를 넣고 센 불에서 끓이다가 끓어오르면 약한 불로 줄여 5분 정도 더 끓여준다.

4 3을 고운 체에 걸러준다.

⊕ 태어나서 만 4~6개월이 되면, 엄마로부터 전해받은 철분이 사라집니다. 이때 철분이 풍부하게 들어 있는 식재료를 통해 보충하지 못하면 철 결핍성 빈혈이 나타나기도 합니다. 유아 빈혈은 식욕이 감소하고 보채는 증세를 보입니다. 철 결핍성 빈혈은 아기의 신체와 두뇌 성장에도 영향을 미치고 면역력을 떨어트려 주의해야 하는데, 철분 보충에 가장 효과적인 음식 중 하나가 바로 쇠고기입니다. 안심으로 시작하는 것이 좋고, 다진 고기를 구입하기보다는 엄마가 직접 다져서 조리하세요.

닭고기미음

~재료~

불린 쌀 15g, 닭 가슴살 5g, 물 150ml

1 불린 쌀은 물 50ml와 함께 믹서에 넣고 곱게 갈아준다.

2 닭 가슴살은 나머지 물에 넣어 통째로 삶은 후 육수는 따로 두고 고기는 건져서 곱게 다져준다.

3 냄비에 1과 2의 육수, 다진 닭고기를 넣고 센 불에서 끓이다가 끓어오르면 약한 불로 줄여 5분 정도 더 끓여준다.

4 3을 고운 체에 걸러준다.

⊕ 닭고기미음은 구수한 향이 나고 아기에게 좋은 영양식입니다. 소화도 잘되기 때문에 보양 미음으로 만들어 먹이기 좋아요.

감자미음

~재료~

불린 쌀 15g, 감자 10g, 물 200ml

1 불린 쌀은 물 50ml와 함께 믹서에 넣고 곱게 갈아준다.

2 감자는 껍질을 벗겨 냄비에 넣고 삶아 건진 다음 뜨거울 때 숟가락으로 으깨가며 체에 걸러준다.

3 냄비에 1과 으깬 감자, 나머지 물을 센 불에서 주걱으로 저어가며 3분 동안 끓이다가 끓어오르면 약한 불로 줄여 10분 정도 더 끓여준다

⊕ 칼슘과 칼륨 등의 무기질이 풍부한 알칼리성 식품인 감자에 들어 있는 비타민C는 전분에 둘러싸여 있어 열을 가해도 쉽게 파괴되지 않습니다. 감자를 잘못 보관하면 싹이 나거나 감자 표면에 푸른 빛이 감도는 독성 물질인 솔라닌이 생깁니다. 도려내도 독성물질이 남아 있을 수 있으니 특히 아기에게 먹일 때에는 잘못 보관된 감자는 사용하지 않는 것이 좋습니다.

보리차
찹쌀미음

~재료~

불린 찹쌀 15g, 보리차 200ml

1 불린 찹쌀은 보리차 50ml와 함께 믹서에 넣고 갈아준다.

2 냄비에 1과 남은 보리차를 넣고 센 불에서 주걱으로 저어 가며 한소끔 끓여준다.

3 약한 불로 줄이고 7~8분 정도 계속 저어가며 더 끓인 다 음 고운 체에 걸러준다.

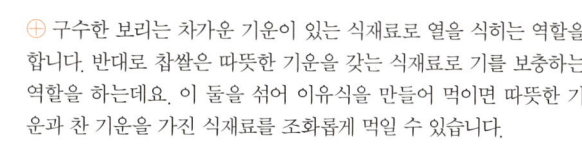

⊕ 구수한 보리는 차가운 기운이 있는 식재료로 열을 식히는 역할을 합니다. 반대로 찹쌀은 따뜻한 기운을 갖는 식재료로 기를 보충하는 역할을 하는데요. 이 둘을 섞어 이유식을 만들어 먹이면 따뜻한 기 운과 찬 기운을 가진 식재료를 조화롭게 먹일 수 있습니다.

완두콩
찹쌀미음

~재료~

불린 찹쌀 15g, 완두콩 10g, 물 200ml

1 불린 찹쌀은 물 50ml와 함께 믹서에 넣고 갈아준다.

2 끓는 물에 완두콩을 푹 삶아 뜨거울 때 숟가락으로 으깨 가며 고운 체에 걸러준다.

3 냄비에 1과 2의 완두콩, 나머지 물을 넣고 센 불에서 주걱 으로 저어가며 한소끔 끓이다가 약한 불로 줄이고 7~8분 정도 계속 저어가며 더 끓여준다.

⊕ 완두콩은 익히면 단맛이 나고 고소하기 때문에 아기들이 잘 먹습 니다. 단백질, 철분, 칼슘 등이 들어 있어 성장과 발달을 도와줍니다. 설사하는 아기에게 먹이면 좋아요.

불린 찹쌀 15g, 오이 10g, 물 200ml

1 불린 찹쌀을 물 50ml와 함께 믹서에 넣고 갈아준다.

2 오이는 껍질을 벗겨 끓는 물에 데친 뒤 씨 부분을 피해가
며 강판에 갈아준다.

3 냄비에 1과 간 오이, 나머지 물을 넣고 센 불에서 주걱으
로 저어가며 한소끔 끓여준다.

4 약한 불로 줄이고 7~8분 정도 계속 저어가며 더 끓인 다
음 고운 체에 걸러준다.

⊕ 오이의 상큼한 맛과 향은 아기의 식욕을 돋우고 소화를 도와줍니
다. 차가운 성질의 오이는 여름에 먹이면 좋아요. 녹색이 짙고 가시가
있으며, 탄력과 광택이 있고 굵기가 고르며 꼭지가 싱싱한 것이 좋습
니다. 오이에는 비타민C를 파괴하는 아스코르비나아제라는 효소가
있어 비타민C가 많이 들어 있는 식재료와는 궁합이 좋지 않습니다.

~재료~

불린 쌀 15g, 청경채 10g, 콜리플라워 10g, 물 200ml

1 불린 쌀은 물 50ml와 함께 믹서에 넣고 곱게 갈아준다.

2 청경채는 잎 부분만 잘게 잘라 끓는 물에 데친 후 체에 걸
   러준다.

3 콜리플라워는 부드러운 꽃 부분만 칼로 떼어내어 끓는 물
   에 삶아 곱게 다져준다.

4 냄비에 1과 나머지 물을 넣고 센 불에서 한소끔 끓이다가
   약한 불로 줄이고 주걱으로 저어가며 밥알이 부드럽게 퍼
   질 때까지 끓여준다.

⊕ 청경채는 면역 체계를 향상시켜주고 치아와 골격 발달에 도움을
주며 변비에도 좋습니다. 아기가 편식하지 않도록 잎채소도 잘 먹게
하려면 시기에 맞추어 자주 맛을 보여주세요.

감자
비타민미음

~ 재료 ~

불린 쌀 10g, 감자 10g, 비타민 5g, 물 120ml

1 불린 쌀은 물 50ml와 함께 믹서에 넣고 곱게 갈아준다.

2 감자는 삶거나 쪄서 껍질을 벗겨 체에 으깨면서 내려준다.

3 비타민은 살짝 데친 뒤 찬물에 헹궈 물기를 꼭 짜고 절구에 곱게 빻아준다.

4 냄비에 1과 나머지 물을 넣고 센 불에서 한소끔 끓이다가 약한 불로 줄이고 주걱으로 저어가며 밥알이 부드럽게 퍼질 때까지 끓여준다.

5 마지막에 찧어둔 비타민과 으깬 감자를 넣고 1분 정도 더 끓인 다음 고운 체에 걸러준다.

⊕ 감자는 전분 함량이 낮은 점질감자와 전분 함량이 높은 분질감자로 나뉩니다. 분질감자보다는 점질감자가 물기가 많고 껍질이 얇은 편이고 전분의 양은 적은 대신 단백질이 많아 미음을 끓일 때 적합합니다.

양배추 당근미음

~재료~

불린 쌀 10g, 양배추 10g, 당근 5g, 물 120ml

1 불린 쌀은 물 50ml와 함께 믹서에 넣고 곱게 갈아준다.

2 양배추는 깨끗이 씻은 후 두꺼운 부분은 칼로 도려내고 부드러운 잎 부분만 곱게 갈아주고 당근은 강판에 곱게 갈아준다.

3 냄비에 1과 나머지 물을 넣고 센 불에서 한소끔 끓이다가 약한 불로 줄이고 주걱으로 저어가며 끓여준다.

4 3에 갈아둔 양배추와 당근을 넣고 1분 정도 더 끓인 다음 고운 체에 걸러준다.

⊕ 양배추에는 비타민B1, B2, C, D, E 등의 영양소가 많이 들어 있습니다. 또한 양배추는 칼슘이 많은 알칼리성 식품으로 식이섬유가 많아 변비 해소에 효과적입니다. 양배추는 겉잎이 깨끗하고 윤기가 흐르며 청색이 도는 것을 선택하세요. 반으로 자른 것을 구매할 때에는 양배추 심이 위까지 잘리지 않은 것을 고릅니다.

밤암죽

~재료~

불린 쌀 10g, 밤 2개, 물 120ml

1 불린 쌀은 물 50ml와 함께 믹서에 넣고 곱게 갈아준다.

2 밤은 삶아서 뜨거울 때 스푼으로 속을 파낸 다음 절구에
　 으깨거나 체에 걸러준다.

4 냄비에 1과 나머지 물을 넣고 센 불에서 끓이다가 끓어오
　 르면 약한 불로 줄이고 주걱으로 저어가며 밥알이 부드럽
　 게 퍼질 때까지 끓여준다.

⊕ 밤은 원기를 북돋우고 소화기 계통을 튼튼하게 해 이유식에 많이
사용합니다. 배탈과 설사에 좋고 맛이 달콤해서 아기들이 아주 잘 먹
습니다.

단호박
콜리플라워미음

~재료~

불린 쌀 10g, 단호박 10g, 콜리플라워 5g,
모유 120ml

1 불린 쌀은 모유 50ml와 함께 믹서에 넣고 곱게 갈아준다.

2 콜리플라워의 질긴 줄기는 떼어낸 뒤 살짝 데쳐 꽃 부분
만 곱게 다져준다.

3 단호박은 껍질을 벗기고 속을 파내 삶은 뒤 체에 으깨면
서 내려준다.

4 냄비에 1과 나머지 물을 넣고 센 불에서 끓이다가 한소끔
끓어오르면 약한 불로 줄이고 주걱으로 저어가며 끓여준다.

5 마지막에 으깬 단호박과 콜리플라워를 넣고 1분 정도 더
끓인 후 고운 체에 걸러준다.

⊕ 단호박은 전분과 미네랄, 비타민B, C가 풍부하고 가열하면 단맛이
나 누구나 좋아해요. 모유는 분유 탄 물이나 우유로 대체해도 됩니다.

오트밀미음

~재료~

불린 쌀 7g, 오트밀 3g, 물 250ml

1 오트밀은 깨끗이 씻어 하룻밤 정도 불린 뒤 체에 받쳐 물기를 빼 준비한다.

2 불린 쌀과 오트밀은 물 50ml과 함께 믹서에 넣고 곱게 갈아준다.

3 냄비에 2와 나머지 물을 넣고 센 불에서 한소끔 끓이다가 약한 불로 줄이고 주걱으로 저어가며 밥알이 부드럽게 퍼질 때까지 끓여준다.

4 3을 고운 체에 걸러준다.

⊕ 오트밀은 단백질이 풍부하고 미네랄과 비타민도 많이 들어 있는 귀리를 가공해 만듭니다. 영양가가 다른 곡물에 비해 월등히 높아 아기 이유식에 사용하면 좋아요.

현미
고구마미음

~ 재료 ~

불린 쌀 7g, 불린 현미찹쌀 3g, 고구마 10g, 물 120ml

1 불린 쌀과 현미찹쌀은 물 50ml와 함께 믹서에 넣고 곱게 갈아준다.

2 고구마는 찌거나 삶아서 뜨거울 때 껍질을 벗겨 체에 으깨면서 내려준다.

3 냄비에 1과 나머지 물을 넣고 센 불에서 한소끔 끓이다가 약한 불로 줄이고 주걱으로 저어가며 밥알이 부드럽게 퍼질 때까지 끓여준다.

4 마지막에 2의 고구마를 넣고 1분 정도 더 끓인 다음 고운 체에 걸러준다.

⊕ 일반 농산물은 씻거나 가공해도 농약이 남아 있을 수 있습니다. 식품의약품 안전청 자료에 따르면, 일반 쌀은 도정하면 24%의 농약이 잔류하고 세 번 정도 씻어 조리해야 농약이 어느 정도 제거된다고 합니다. 현미는 도정을 거의 안 하는 쌀이기 때문에 유기농을 사용하면 좋습니다. 현미에는 여러 가지 영양소들이 골고루 들어 있어 이유식 재료로 많이 이용합니다. 달콤한 고구마를 곁들이면 아기가 훨씬 좋아합니다. 현미(현미찹쌀)는 1시간 정도 불려 사용하세요.

콜리플라워
당근미음

~재료~

불린 쌀 10g, 콜리플라워 10g, 당근 5g, 물 120ml

1 불린 쌀은 물 50ml와 함께 믹서에 넣고 곱게 갈아준다.

2 콜리플라워의 질긴 줄기는 떼어낸 뒤 살짝 데쳐 꽃 부분만 곱게 다져준다.

3 당근은 강판에 곱게 갈아준다.

4 냄비에 1과 나머지 물을 넣고 센 불에서 끓이다가 한소끔 끓어오르면 약한 불로 줄이고 주걱으로 저어가며 끓여준다.

5 갈아둔 콜리플라워와 당근을 넣고 1분 정도 더 끓인 다음 고운 체에 걸러준다.

⊕ 당근은 비타민A와 C가 많고 가열할수록 단맛이 강하게 올라옵니다. 당근은 시력과 피부 점막에 좋고 호흡기를 튼튼하게 유지하고 각종 세균의 침입을 막아주어 감기예방에 효과적입니다. 하지만 질산염이 많아서 메트헤모글로빈혈증이 생길 위험이 있으므로 자주 미음으로 만들어 먹이는 것은 좋지 않으며 예방을 위해 당근을 데친 후 미음으로 만들어 먹여도 좋습니다.

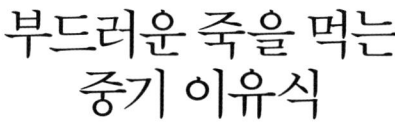

PART 3

부드러운 죽을 먹는
중기 이유식

만 7~8개월

시금치
닭고기죽

~ 재료 ~

밥 30g, 닭 가슴살 15g, 시금치 10g, 물 120ml

1 시금치는 섬유질이 많은 줄기 부분은 제거하고 잎만 손질한 후 30초간 데쳐 작게 썰어둔다.

2 닭 가슴살은 끓는 물에 통째로 넣고 5분 정도 삶은 후에 건져서 다지고 육수는 면포에 걸러준다.

3 냄비에 2의 육수와 썰어둔 시금치, 다진 닭고기를 넣고 1분간 끓이다가 밥을 넣고 밥알이 으깨지도록 매셔로 부숴주면서 5분 정도 더 끓여준다.

⊕ 시금치에는 유기산으로 사과산, 구연산, 아기오딘 및 비타민C가 많이 들어 있고, 비타민B1, B2, 나이아신, 엽산, 사포닌, 당질, 단백질, 지방, 섬유질, 칼슘, 철 등의 영양소가 많이 함유되어 있어요. 단, 질산염이 많으니 이유식에 사용할 때는 꼭 데쳐서 사용하세요. 닭고기 육수 대신 닭 가슴살 삶은 물을 써도 됩니다.

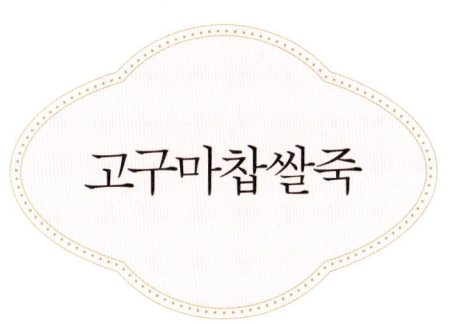

고구마찹쌀죽

불린 쌀 15g, 불린 찹쌀 5g, 고구마 20g, 당근 5g, 물 150ml

1 불린 쌀과 찹쌀은 물 50ml와 함께 믹서에 넣고 거칠게 갈아준다.

2 고구마와 당근은 껍질을 벗겨 끓는 물에 삶은 후 0.3cm 크기로 썰어둔다.

3 냄비에 1과 나머지 물을 넣고 센 불에서 끓이다가 쌀알이 어느 정도 퍼지면 약한 불로 줄여 2의 고구마와 당근을 넣고 5분간 더 끓여준다.

⊕ 호박고구마, 밤고구마, 자색고구마 등 다양한 색의 고구마는 맛뿐만 아니라 영양도 좋습니다. 고구마의 주성분은 탄수화물이고 대부분이 전분으로 이루어져 있어요. 또, 고구마에는 비타민A, B, C와 나이아신, 야리핀(고구마를 자를 때 나오는 하얀 진액) 등 섬유질이 많이 포함되어 있습니다. 고구마를 데쳐 사용하지 않고, 어른 밥 할 때 통째로 쪄서 사용해도 됩니다.

닭살감자죽

~재료~

불린 쌀 15g, 닭 가슴살 10g, 감자 15g, 당근 10g, 물 200ml

1 불린 쌀은 물 50ml와 함께 믹서에 넣고 거칠게 갈아준다.

2 감자와 당근은 껍질을 벗긴 후 삶아서 0.3cm 크기로 자르고 절구에서 한두 번 툭툭 쳐서 으깨준다.

3 닭 가슴살은 손질 후 삶아서 잘게 썬 뒤 곱게 다져준다.

4 냄비에 1과 나머지 물을 넣고 센 불에서 3분간 끓이다가 약한 불로 줄여 2의 채소와 3의 닭 가슴살을 넣고 5분 정도 더 끓여준다.

⊕ 이유식을 만들 때 절구에 부수는 조리법은 아기가 먹기 좋은 크기로 만들어주기 위한 과정입니다. 중기 초반에는 잘게 썰어서 절구에 으깨고, 중기 중반부터는 칼로 썬 뒤 절구에 넣고 1~2번 정도 툭툭 쳐서 으깨면 됩니다.

시금치
쇠고기죽

~ 재료 ~

밥 30g, 쇠고기 10g, 시금치 15g, 당근 10g, 물 120ml

1   쇠고기는 통째로 끓는 물에 삶은 후 건져 잘게 다지고 육
    수는 면포에 걸러준다.

2   시금치는 잎 부분만 손질하고, 당근은 껍질을 벗겨 삶은
    후 곱게 다져준다.

3   절구에 밥을 넣고 으깨준다.

4   냄비에 1의 육수와 다진 시금치를 넣고 센 불에서 한소끔
    끓이다가 으깬 밥을 넣고 불을 줄여 3~5분 정도 더 끓여
    준다.

⊕ 시금치에는 각종 비타민과 엽산, 섬유소, 마그네슘 등이 많이 들어
있어요. 양질의 동물성 단백질과 비타민을 함유하고 있는 쇠고기와
함께 조리하면 빈혈에 특화된 보양 이유식이 완성됩니다.

고구마
사과메시

~재료~

고구마 120g, 사과 60g, 건포도 10g, 모유 60ml

1 사과는 껍질과 씨를 제거한 후 강판에 갈아준다.

2 건포도는 물에 불린 후 잘게 다져준다.

3 고구마는 20분 정도 찐 후 껍질을 벗겨 매셔로 으깨준다.

4 냄비에 간 사과, 다진 건포도, 으깬 고구마, 모유를 넣고
   3~4분 정도 살짝 끓여준다.

⊕ 중기 이유식부터는 하루에 한 번 정도 간식을 먹이게 됩니다. 아기용 과자, 쌀 튀밥, 쌀 떡 같이 친환경 쌀로 만들어진 간식으로 시작해보세요. 가끔은 달달한 고구마와 사과, 불린 건포도로 단맛이 나는 메시 형태의 간식 같은 이유식을 만들어 변화를 주는 것도 좋습니다. 재료의 모유는 분유 탄 물이나 우유로 대체해도 됩니다.

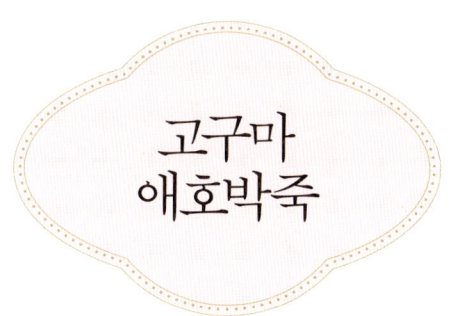

고구마 애호박죽

~재료~

불린 쌀 20g, 고구마 50g, 애호박 10g,
모유 50ml, 물 260ml.

1 불린 쌀과 물 50ml를 믹서에 넣고 쌀 알갱이가 조금 남아 있을 때까지 3초 정도만 갈아준다.

2 고구마는 껍질을 벗기고 얇게 썰어 0.3cm 크기로 썬 뒤 물에 담가놓고, 애호박은 잘게 다져준다.

3 냄비에 1과 나머지 물, 고구마를 넣고 센 불에서 주걱으로 저어가며 끓이다 쌀이 푹 퍼지면 약한 불로 줄이고 애호박과 모유를 넣어 주걱으로 저어가며 한소끔 더 끓여준다.

⊕ 애호박은 장을 편안하게 하고 고구마는 먹기에도 부담이 없고 단맛이 나 아기가 이유식을 잘 먹지 않을 때 주면 좋아요. 재료 중 모유는 분유 탄 물로 대체해도 됩니다.

쇠고기현미죽

~재료~

불린 쌀 150g, 불린 현미 5g, 쇠고기 15g, 물 400ml

1 불린 현미를 믹서에 넣고 2초 정도 갈다가 불린 쌀과 물 50ml를 넣고 3초 정도 더 갈아준다.

2 냄비에 나머지 물을 끓이다가 쇠고기를 넣고 3분 정도 삶 아 건진다.

3 2의 육수를 면포에 거르고 삶은 쇠고기는 0.3cm 크기로 잘게 다져준다.

4 냄비에 1과 3의 육수와 쇠고기를 넣고 센 불에서 저어가 며 끓이다가 쌀이 푹 퍼지면 약한 불로 줄이고 주걱으로 저어가며 한소끔 더 끓여준다.

⊕ 천연미네랄의 대명사인 현미를 어른이 아닌 아기에게 먹일 때에는 소화력이 떨어지는 것이 걱정되어 꺼리는 경우가 있습니다. 몸에 좋은 리놀렌산 비타민B군, 나이아신, 판토텐산, 칼륨, 인, 철분등과 더불어 섬유소도 풍부한 현미를 아기가 잘 소화시키고 가끔 먹인다면 아기의 건강 이유식으로 좋아요.

두부
브로콜리죽

~재료~

불린 쌀 20g, 연두부 10g, 브로콜리 10g, 물 200ml

1 불린 쌀과 물 50ml를 믹서에 넣고 쌀 알갱이가 조금 남아 있을 때까지 3초 정도 갈아준다.

2 브로콜리는 꽃봉오리 부분만 다듬어 끓는 물에 3분 정도 데친 다음 0.3cm 크기로 잘게 썰어둔다.

3 연두부는 숟가락으로 으깨준다.

4 냄비에 1과 나머지 물, 잘게 썬 브로콜리, 으깬 연두부를 넣고 센 불에서 주걱으로 저어가며 끓이다가 쌀이 푹 퍼지면 약한 불로 줄이고 주걱으로 저어가며 한소끔 더 끓여준다.

⊕ 두부의 단백질은 필수 아미노산을 많이 함유하고 있고, 소화 흡수가 용이합니다. 특히 리놀산을 함유하고 있어 혈액을 맑게 해줍니다. 또한 어떤 식재료와도 잘 어울려 두루 사용하기 좋아요.

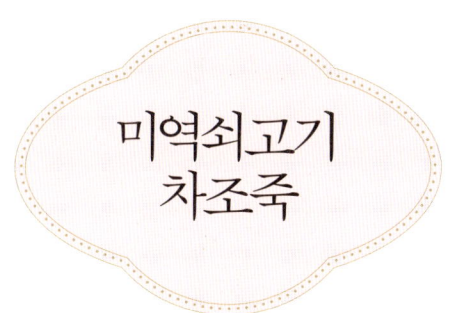

미역쇠고기 차조죽

~ 재료 ~

불린 차조 5g, 불린 쌀 5g, 불린 미역 10g,
쇠고기 15g, 물 250ml,

1 불린 차조와 쌀, 물 50ml를 믹서에 넣고 쌀 알갱이가 조금
   남아 있을 때까지 3초 정도 갈아준다.

2 미역은 찬물에 담가 5분 정도 불려 부드러워지면 곱게 다
   져준다.

3 냄비에 나머지 물을 부어 끓이다가 핏물을 뺀 쇠고기
   를 넣고 3분 정도 삶아 육수를 면포에 거르고 쇠고기는
   0.3cm크기로 잘게 썰어둔다.

4 냄비에 1과 쇠고기, 미역, 3의 육수를 넣고 센 불에서 주걱
   으로 저어가며 끓이다가 쌀이 푹 퍼지면 약한 불로 줄이
   고 한소끔 더 끓여준다.

⊕ 칼슘이 풍부하고 요오드가 특히 많이 들어 있는 미역은 미끄러워
썰기 불편합니다. 수분을 꼭 짠 후 칼로 두드리듯 내리쳐 자르면 쉽
게 다질 수 있습니다.

완두콩감자
양배추수프

~재료~

완두콩 20g, 감자 80g, 양배추 15g, 모유 80ml

1 완두콩은 삶아서 껍질을 벗긴 후 절구에 으깨준다.

2 감자는 푹 삶은 다음 매셔로 으깨준다.

3 양배추는 연한 잎 부분만 잘라내 0.3cm 크기로 채 썬 다음 끓는 물에 7분 정도 데친 후 작게 다져준다.

4 완두콩, 감자, 양배추에 모유를 넣고 살짝 끓여준다.

⊕ 완두콩은 탄수화물과 단백질, 두뇌 활동에 활기를 주는 비타민B1이 풍부해 자라나는 아기에게 아주 좋아요. 재료의 모유 대신 물로 대체해도 됩니다.

아욱감자
쇠고기죽

~ 재료 ~

불린 쌀 15g, 쇠고기 15g, 감자 10g, 아욱 10g, 육수 250ml

1 불린 쌀은 육수 50ml와 함께 믹서에 넣고 1/3 정도 크기
  가 되도록 갈아준다.

2 감자와 아욱은 0.3cm 크기로 다져준다.

3 쇠고기는 얇게 썬 후 나머지 육수에 삶아 잘게 다져준다.

4 냄비에 1과 쇠고기, 감자, 아욱, 3의 육수를 넣고 쌀이 푹
  익을 때까지 끓여준다.

⊕ 아욱은 잎이 넓고 부드러우며 짙은 연두색인 것이 좋습니다. 줄기
가 굵고 연한 것이 좋아요. 섬유질이 질긴 편이라 다른 잎채소보다는
오래 익혀주세요.

애호박바나나 사과수프

~재료~

애호박 30g, 바나나 1개, 사과 20g, 물 30ml, 모유 100ml

1 애호박은 0.3cm 크기로 다져준다.

2 바나나는 껍질을 벗겨 양 끝을 잘라낸 뒤 가운데 부분을 포크로 으깨주고, 사과는 강판에 갈아준다.

3 냄비에 애호박과 바나나, 사과, 물을 넣고 끓이다가 사과 가 다 익으면 모유를 넣고 한소끔 더 끓여준다.

⊕ 소화와 흡수가 잘되고 두뇌 계발에 좋다고 알려진 애호박은 장을 편안하게 하고, 바나나와 익힌 사과는 묽은 변을 정상 변으로 만들 어줍니다. 평소에 먹여도 좋지만 컨디션이 좋지 않거나 입맛이 없는 아기에게 먹여보세요. 모유는 물로 대체해도 됩니다.

현미단호박 배추쇠고기죽

〜재료〜

불린 쌀 15g, 불린 현미 5g, 쇠고기 15g,
단호박 15g, 배춧잎 10g, 육수 250ml

1 쇠고기는 얇게 썰어 끓는 육수 200ml에 삶은 뒤 0.3cm 크기로 다져준다.

2 단호박은 껍질을 벗긴 후 잘게 다지고, 배춧잎도 잘게 다져준다.

3 불린 현미는 육수 50ml와 함께 믹서에 1초 정도 간 다음 불린 쌀을 넣고 쌀알이 1/3 정도 크기가 되도록 갈아준다.

4 냄비에 3과 단호박, 배추, 쇠고기, 육수를 넣고 쌀이 다 퍼질 때까지 끓여준다.

⊕ 현미는 우리 몸에 꼭 필요한 영양소가 균형 있게 들어 있어 현미를 먹으면 몸의 컨디션이 좋아지고 지속적으로 섭취하면 체질까지 개선됩니다. 현미를 먹는 습관을 이유식부터 들이기 시작하세요.

131

검은콩쇠고기 비타민죽

~재료~

불린 쌀 15g, 검은콩 10g, 쇠고기 15g,
비타민 10g, 육수 250ml

1 검은콩은 찬물에 담가 1시간 이상 불린 후 물에 삶아 껍
 질을 벗겨 절구에 으깨준다.

2 쇠고기는 끓는 육수 200ml에 삶아 다지고 쇠고기 삶은
 육수에 비타민을 데쳐 건진다. 육수는 그대로 사용한다.

3 불린 쌀은 육수 50ml와 함께 믹서에 갈아 2의 육수에 넣
 고 쇠고기와 검은콩, 비타민을 넣어 쌀이 다 익을 때까지
 끓여준다.

⊕ 대표적인 블랙푸드로 꼽히는 검은콩은 우리 몸에 좋은 안토시아
닌 색소가 많이 들어 있고 뼈를 튼튼하게 해주기 때문에 한참 자라
는 아기들에게 좋아요. 껍질은 검고 속은 파랗고 윤기가 많이 나는
것을 고르세요.

달걀시금치당근 브로콜리죽

~재료~

불린 쌀 15g, 달걀노른자 1개, 시금치 10g, 당근 10g,
브로콜리 5g, 육수 250ml

1 달걀은 삶아서 노른자만 분리한 후 체에 걸러준다.

2 시금치와 당근, 브로콜리는 끓는 물에 삶아 다져준다.

3 불린 쌀은 육수 50ml와 함께 믹서에 2초 정도 갈아준다.

4 냄비에 3과 시금치, 당근, 브로콜리, 나머지 육수를 넣고
   끓이다가 쌀이 다 익으면 달걀노른자를 넣고 한소끔 더
   끓여준다.

⊕ 알레르기 반응이 강한 흰자는 노른자가 익숙해지면 먹이기 시작
합니다. 달걀노른자는 만 7개월(중기)부터 먹이면 좋지만 알레르기가
있을 경우에는 1세 이후에 먹이는 것이 좋습니다. 알레르기가 없을
경우 노른자 1큰술로 시작해서 점점 양을 늘려가세요. 모든 이유식
의 달걀은 완숙을 사용해야 합니다.

표고고구마 달걀당근죽

~재료~

불린 쌀 20g, 표고버섯 15g, 고구마 10g,
달걀노른자 1개, 당근 5g, 육수 250ml

1 불린 쌀은 육수 50ml와 함께 믹서에 2초 정도 갈아준다.

2 표고버섯과 고구마, 당근은 잘게 다져준다.

3 냄비에 1과 고구마, 당근, 표고버섯, 나머지 육수를 넣어
   끓이다가 쌀이 다 익으면 불을 끄고 달걀노른자를 풀어
   넣고, 불을 다시 켠 후 달걀노른자가 익을 때까지 저으면
   서 한 번 더 끓여준다.

⊕ 표고버섯의 비타민D는 칼슘과 칼륨의 흡수를 돕습니다. 일반적
으로 판매되는 건표고버섯은 건조기에 말리는 경우가 많기 때문에
생표고버섯으로 집에서도 쉽게 볕에 말려 사용할 수 있어요. 우리 아
기의 건강을 위해 집에서 표고버섯을 말려 요리해보세요.(10쪽 참고)

버섯들깨죽

~ 재료 ~

불린 쌀 10g, 불린 찹쌀 5g, 표고버섯 10g,
느타리버섯 10g, 물 250ml, 들깨가루 1/2ts

1 불린 쌀과 찹쌀은 물 50ml와 함께 믹서에 약간 굵게 갈아
준다.

2 표고버섯은 물에 충분히 불려서 기둥을 떼어내고 잘게 다
져준다.

3 느타리버섯은 키친타월로 살짝 닦은 뒤 0.3cm 크기로 다
져준다.

4 냄비에 1과 나머지 물을 붓고 센 불에서 한소끔 끓이다가
약한 불로 줄여 다진 버섯들과 들깨가루를 넣고 주걱으로
저어가며 쌀알이 부드럽게 퍼질 때까지 끓여준다.

⊕ 들깨는 성질이 따뜻하고 독이 없고 죽을 끓여 먹으면 기운을 돋
워주고 몸속의 독소를 제거해줍니다. 영양학적으로는 리놀렌산과 비
타민E, F가 많아 아기의 피부도 맑게 해주고 필수 아미노산이 풍부해
이유식으로 만들기에 훌륭한 식재료입니다.

새우버섯죽

~ 재료 ~

불린 쌀 15g, 중파 2마리, 양송이버섯 10g,
청경채 5g, 물 250ml

1 불린 쌀은 물 50ml와 함께 믹서에 약간 굵게 갈아준다.

2 새우는 머리와 껍질을 벗기고 등쪽의 내장을 제거한 뒤
   끓는 물에서 데쳐 잘게 다져준다.

3 청경채는 잎 부분만 잘게 다지고 양송이버섯은 갓쪽의 껍
   질을 벗긴 뒤 0.3cm 크기로 다져준다.

4 냄비에 1과 나머지 물을 붓고 센 불에서 한소끔 끓이다가
   약한 불로 줄이고 다진 새우와 양송이버섯, 청경채를 넣
   고 주걱으로 저어가며 쌀알이 부드럽게 퍼질 때까지 끓여
   준다.

⊕ 새우는 고단백 식품으로 칼슘이 풍부하고 각종 비타민과 무기질
이 다량 함유되어 있어 아기의 성장과 발달에 좋습니다. 이유식에 새
우를 넣으면 약하게 간까지 해결되니 무염으로 시작하는 이유식에서
간이 된 이유식으로 입맛을 돋을 수 있어요. 아기가 이유식을 먹고
알레르기 반응이 있는지 반드시 살펴보세요.

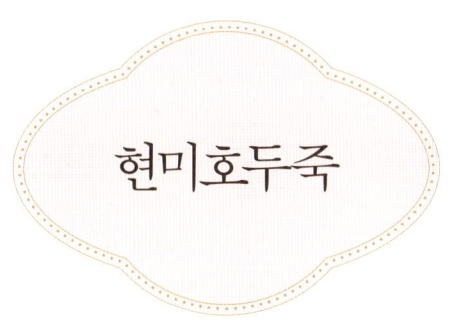

현미호두죽

~ 재료 ~

불린 쌀 10g, 불린 현미찹쌀 5g, 애호박 10g,
당근 10g, 호두 1개, 물 200ml

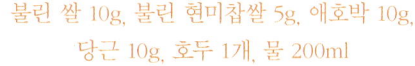

1 불린 쌀과 현미찹쌀은 물 50ml와 함께 믹서에 약간 굵게
  갈아준다.

2 애호박은 껍질을 벗기고 돌려 깎아 속은 빼내고 당근과
  함께 잘게 다져준다.

3 호두는 끓는 물에 살짝 데친 뒤 속껍질을 벗겨낸 다음 키
  친타월 위에서 곱게 다져준다.

4 냄비에 1과 나머지 물을 붓고 센 불에서 끓이다가 약한 불
  로 줄이고 다진 애호박과 당근을 넣고 끓이다가 채소가
  익으면 다진 호두를 넣고 주걱으로 저어가며 쌀알이 퍼질
  때까지 끓여준다.

⊕ 불포화지방산이 풍부하며 두뇌 건강에 좋은 호두는 망간, 구리,
마그네슘의 함량이 높고, 비타민B6, 엽산, 섬유소, 단백질, 티아민, 아
연, 칼륨, 철분의 좋은 공급원입니다. 또한 알파 리놀렌산, 항산화 물
질 등이 많이 들어 있어 이유식으로 좋은 식재료에요. 현미와의 궁합
이 좋아 맛도 좋고 영양도 높일 수 있습니다. 단, 산패되기 쉬우므로
동결 보관하세요.

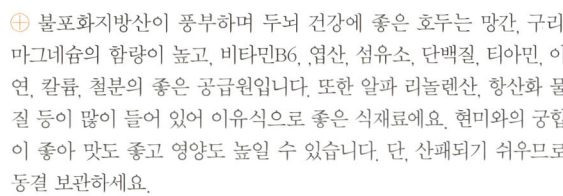

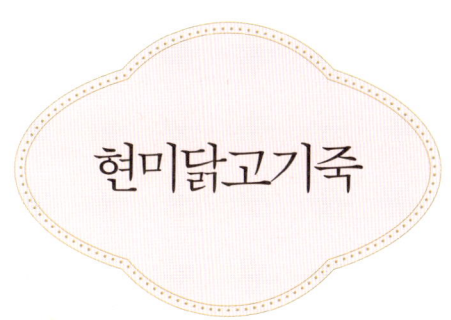

현미닭고기죽

~재료~

불린 쌀 10g, 불린 현미찹쌀 5g, 닭 가슴살 15g,
감자 10g, 시금치 10g, 물 200ml

1 불린 쌀과 현미찹쌀은 물 50ml와 함께 믹서에 약간 굵게
   갈아준다.

2 닭 가슴살은 나머지 물에 넣고 삶아 건져 다지고 육수는
   면포에 걸러준다.

3 시금치는 살짝 데쳐 찬물에 헹군 뒤 물기를 꼭 짜서 감자
   와 함께 0.3cm 크기로 다져준다.

4 냄비에 1과 2의 육수를 넣고 센 불에서 한소끔 끓이다가
   약한 불로 줄이고 감자를 넣고 주걱으로 저어가며 끓이다
   가 감자가 익으면 다져둔 닭 가슴살과 시금치를 넣고 쌀
   알이 부드럽게 퍼질 때까지 끓여준다.

⊕ 현미는 비타민B6, 섬유소, 나이아신, 티아민, 망간, 셀레늄, 마그네
슘, 인 등의 함량이 높고 단백질, 아연, 철분의 좋은 공급원입니다. 연
하고 맛과 풍미가 담백해 조리하기 쉽고 영양가도 높은 닭과 함께 조
리하면 맛과 영양이 풍부한 이유식을 만들 수 있습니다.

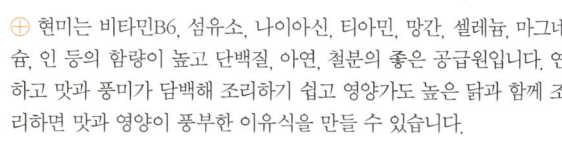

흰살생선미역죽

~재료~

불린 쌀 15g, 흰살 생선 20g, 불린 미역 10g, 물 200ml

1 불린 쌀은 물 50ml와 함께 믹서에 약간 굵게 갈아준다.

2 흰살 생선은 껍질과 가지를 제거한 뒤 곱게 다져준다.

3 불린 미역은 나머지 물을 끓여 살짝 데쳐 잘게 다지고, 미역 데친 물은 육수로 사용한다.

4 냄비에 1과 다진 생선 살을 넣고 살짝 볶다가 미역 데친 육수를 붓고 센 불에서 끓이다가 한소끔 끓어오르면 약한 불로 줄이고 다진 미역을 넣고 주걱으로 저어가며 쌀알이 퍼질 때까지 끓여준다.

⊕ 흰살 생선으로는 도미, 광어, 우럭, 농어, 넙치, 가자미, 대구, 명태 살을 사용하면 좋고, 익으면 잘 부서져 조리하기 쉬워요. 신선한 몇 점의 회를 바로 이유식으로 조리해주면 신선하고 영양 만점의 이유식이 완성됩니다.

채소달걀죽

~재료~

불린 쌀 15g, 양파 10g, 당근 10g, 시금치 10g,
달걀노른자 1/2개, 물 150ml, 참깨 약간

1 불린 쌀은 물 50ml와 함께 믹서에 약간 굵게 갈아준다.

2 시금치는 살짝 데쳐 찬물에 헹군 뒤 0.3cm 크기로 다지
고, 양파와 당근도 0.3cm 크기로 다져준다.

3 냄비에 1과 나머지 물을 넣고 센 불에서 끓이다가 약한 불
로 줄이고 다진 양파와 당근, 시금치를 넣고 쌀알이 부드
럽게 퍼질 때까지 끓이다가 마지막에 달걀노른자를 잘 풀
어 넣고 고루 저어주다가 참깨를 뿌려 완성한다.

⊕ 채소달걀죽은 장을 본 날 가장 신선한 재료를 이용해 간단히 만
들 수 있는 이유식입니다. 약간의 덩어리가 씹히는 형태로 만들어 먹
이기 시작하는 중기 이유식에 적합한 다양한 채소의 맛을 보여줄 수
있어요. 덩어리가 조금 크다면 숟가락으로 으깨면서 먹여보세요.

두부영양죽

~재료~

불린 쌀 10g, 불린 찹쌀 5g, 두부 20g, 밤 1개,
대추 1/2개, 물 90ml, 참깨 약간

1 불린 쌀과 찹쌀은 물 50ml와 함께 믹서에 약간 굵게 갈아
준다.

2 두부는 끓는 물에 살짝 데쳐서 숟가락으로 으깨준다.

3 밤은 삶아서 속을 파내고 대추는 돌려 깎아 씨를 뺀 다음
잘게 다져준다.

4 냄비에 1과 나머지 물을 붓고 센 불에서 끓이다가 약한 불
로 줄이고 다진 밤과 대추를 넣고 저어가며 끓이다가 마
지막에 으깬 두부를 넣고 쌀알이 부드럽게 퍼질 때까지
끓이고 참깨를 뿌려 완성한다.

⊕ 이유식을 고소하고 특별하게 만드는 두부는 성장과 발육에 필요
한 필수 아미노산과 칼슘, 철분등의 무기질이 많은 고단백 식품입니
다. 두부를 사용한 후에는 물에 담아 냉장 보관해야 합니다. 영양의
보고이자 단맛을 내는 밤과 대추와 함께 맛있는 이유식을 만들어보
세요.

오곡죽

~재료~

찹쌀 5g, 현미 5g, 흑미 5g, 차조 5g, 검은콩 5g, 물 200ml

1 찹쌀, 현미, 흑미, 차조는 깨끗이 씻어 30분 정도 찬물에 불린 뒤 물 50ml와 함께 믹서에 거칠게 갈아준다.

2 검은콩은 하루 정도 불려서 삶아 껍질을 벗긴 뒤 절구에 굵게 빻아준다.

3 냄비에 1과 나머지 물을 넣고 센 불에서 한소끔 끓이다가 약한 불로 줄이고 주걱으로 저어가며 끓이다가 마지막에 2의 검은콩을 넣고 쌀알이 부드럽게 퍼질 때까지 끓여준다.

⊕ 아밀로펙틴이 풍부하여 이유식에 찰기를 주고 티아민이 풍부한 차조를 넣어 만드는 오곡죽은 영양가가 풍부합니다. 여기서 사용하는 검은콩은 흑태, 서리태, 서목태 등 어떤 종류라도 상관없어요. 흑태는 검은콩 중에서 크기가 가장 큰 형태로, 콩밥이나 콩자반 등에 사용되고, 서리태는 겉은 검은빛을 띠지만 속이 파랗다고 하여 속청이라고도 부르는데, 콩떡이나 콩자반, 콩밥 등에 사용됩니다. 서목태는 다른 검은콩보다 크기가 작아 마치 쥐눈처럼 보인다고 하여 쥐눈이콩이라고 하고 약콩이라고도 불리는 영양이 풍부한 식재료입니다.

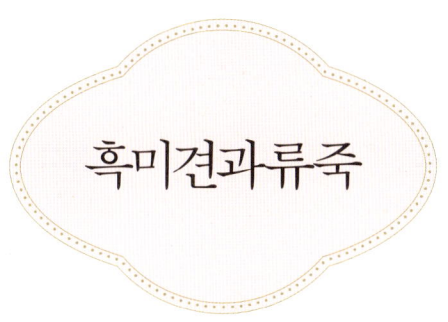

흑미견과류죽

~ 재료 ~

불린 쌀 10g, 불린 흑미 5g, 양배추 10g, 호두 1/2개,
호박씨 1ts, 잣 1ts, 물 150ml

1 불린 쌀과 흑미는 물 50ml와 함께 믹서에 거칠게 갈아준다.

2 양배추는 굵은 심지 부분은 잘라내고 부드러운 부분만 0.3cm 크기로 다져준다.

3 호두는 살짝 데쳐서 이쑤시개로 속껍질을 벗겨낸 다음 키친타월을 깔고 잘게 다져준다.

4 잣과 호박씨도 잘게 다져준다.

5 냄비에 1과 나머지 물을 넣고 센 불에서 한소끔 끓이다가 약한 불로 줄이고 다진 양배추, 호두, 잣, 호박씨를 넣어 주걱으로 저어가며 쌀알이 부드럽게 퍼질 때까지 끓여준다.

⊕ 비타민E와 미네랄이 풍부한 흑미는 표면의 흑색 부분에 안토시아닌이 풍부하게 들어 있어요. 항산화 작용을 하고 DNA 손상을 억제하기 때문에 면역력 강화에도 도움을 줍니다.

PART 4

무른밥을 소화하는
후기 이유식

만9~11개월

닭고기
채소무른밥

~ 재료 ~

밥 50g, 닭 가슴살 20g, 완두콩 10g, 애호박 10g,
배추 20g, 양파 5g, 우유 30ml, 닭고기육수 130ml

1 완두콩은 하루 정도 물에 담가 삶아둔다.

2 삶은 완두콩의 껍질을 벗겨 살짝 으깨고 배추는 잎 부분
   만 채 썰어둔다.

3 애호박과 양파는 손질 후 잘게 다져준다.

4 닭 가슴살은 10분 정도 우유에 담가 두었다가 건져내
   0.5cm 크기로 사각썰기한다.

5 냄비에 닭고기육수와 4의 닭 가슴살을 넣고 끓어오르면
   1과 2의 채소를 모두 넣고 5분 정도 끓이다가 밥을 넣고 5
   분 더 끓인 후 불을 끄고 잘 비벼준다.

⊕ 이유식을 얼마나 먹여야 하는지, 다른 집 아기들은 잘 먹는지, 얼
마나 먹는지, 지금 시기에 맞추어 제대로 이유식을 만들어 먹이고 있
는지 때때로 고민됩니다. 시기에 맞게 먹는 양 평균은 있지만 각각 아
기의 특성에 따라 다르므로 비교적 적게 먹거나 많이 먹는다고 비교
하지 마세요. 이유식 후기부터는 무른밥을 먹기 시작합니다.

가지무른밥

~ 재료 ~

밥 50g, 가지 15g, 양파 5g, 당근 10g, 채소육수 100ml

1 가지는 손질해 껍질을 벗긴 후 0.5cm 크기로 사각썰기한
   다.

2 양파와 당근도 껍질을 벗긴 후 같은 크기로 자른다.

3 냄비에 채소육수와 1, 2의 채소를 넣고 5분 정도 끓여준
   다.

4 3의 채소가 어느 정도 익으면 밥을 넣고 3분 정도 더 끓여
   준다.

⊕ 가지는 껍질의 색이 진하고 탄력이 있는 것, 꼭지의 바늘이 손을
찌를 정도로 날카로운 것이 신선한 것으로 구입합니다. 비타민C와
칼슘, 수분이 많아 몸을 차게 하는 효과가 있어 더운 여름철에 좋은
식재료입니다.

완두콩닭살 볶음무른밥

~ 재료 ~

밥 50g, 닭가슴살 15g, 완두콩 10g, 당근 10g,
시금치 10g, 닭고기육수 130ml, 올리브유 약간

1 닭 가슴살은 0.3cm 크기, 당근은 껍질을 벗긴 후 0.5cm
크기로 사각썰기한다.

2 시금치는 살짝 데쳐서 0.5cm 크기로 썰어둔다.

3 완두콩은 하루 정도 물에 불려서 껍질을 벗긴 후 4등분한
다.

4 팬에 올리브유를 두르고 1을 볶아 완전히 익으면 2, 3을
넣고 3분 정도 더 볶다가 육수를 넣고 5분 정도 끓여준다.

5 4에 밥을 넣고 2~3분 정도 더 끓여준다.

⊕ 콩과 쌀은 궁합이 잘 맞습니다. 필수아미노산인 라이신이 적고 메
티오닌이 많은 쌀과 그 반대인 콩류를 함께 먹으면 섭취하는 영양의
상태가 좋아집니다. 단백질이 풍부해 부드러운 식감의 완두콩은 이
유식 재료로 좋습니다. 특히 익히면 단맛이 나서 아기가 잘 먹어요.
아기가 콩 껍질의 식감을 싫어 할 수 있으니 갈아서 형태를 없앤 상
태의 콩으로 섭취하게 하는 방법도 좋습니다.

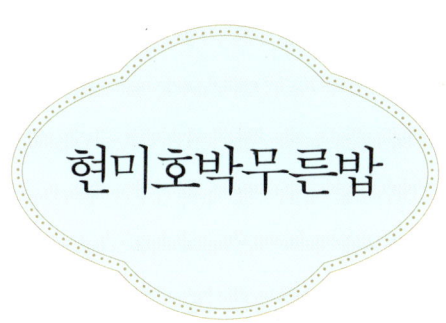

현미호박무른밥

~ 재료 ~

불린 쌀 20g, 불린 현미 5g, 단호박 25g, 호박씨 2g,
물 130ml

1 불린 현미는 물 50ml와 함께 믹서에 2~3초 정도 갈아준
다.

2 단호박은 껍질을 벗기고 씨를 제거한 후 과육만 0.5cm 크
기로 사각썰기한다.

3 껍질 벗긴 호박씨는 깨끗이 씻은 후 곱게 다져준다.

4 냄비에 1과 불린 쌀, 나머지 물을 넣고 끓이다가 쌀알이
어느 정도 퍼지면 2를 넣고 5분 더 끓이다 마지막에 3을
넣고 살짝 더 끓여준다.

⊕ 호박은 비타민A, C, 섬유소, 망간, 칼륨이 풍부하고 강력한 항산화
물질인 카로티노이드가 들어 있어 영양이 풍부합니다.

옥수수청경채 무른밥

~재료~

밥 50g, 옥수수 15g, 완두콩 10g, 청경채 20g, 물 80ml

1 옥수수는 삶은 후 분량만큼의 알을 떼어내 절구에 넣고 다소 거칠게 갈아준다.

2 완두콩은 하루 정도 물에 불려 껍질을 벗긴 뒤 절구에 넣고 살짝 으깨준다.

3 청경채는 손질 후 데쳐서 0.5cm 크기로 잘라준다.

4 냄비에 1, 2, 3과 분량의 물을 붓고 5분 정도 끓이다가 밥을 넣어 한소끔 더 끓여준다.

⊕ 쉽게 구할 수 있는 푸른잎 채소 중 하나가 바로 청경채입니다. 청경채에 풍부한 니코티아민은 천연 자양강장제로 불립니다. 칼슘도 풍부하고 톡톡 터지는 알갱이가 씹는 맛을 주는 여름철 간식 옥수수와도 궁합이 잘 맞아요. 무른밥에 넣으면 거칠게 간 옥수수의 씹는 맛도 있어 아기가 좋아합니다.

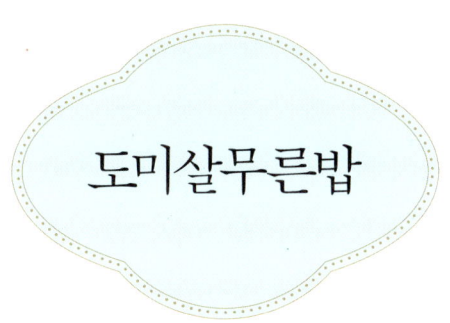

도미살무른밥

~재료~

밥 50g, 도미살 20g, 배추 10g, 팽이버섯 10g,
다시마물 80ml

1 도미살은 손질해 전자레인지에 1분 정도 돌려 찐 후 살만
  발라내어 잘게 다져준다.

2 배추는 잎 부분만 손질하여 0.5cm 크기로 썰고, 팽이버섯
  은 밑동을 제거한 후 0.5cm 크기로 썰어둔다.

3 냄비에 2의 채소, 다시마물을 넣고 5분 정도 끓이다가 밥
  과 1의 생선을 넣고 한소끔 더 끓여준다.

⊕ 도미, 명태, 가자미, 대구 등의 흰살 생선은 지방이 적고 양질의 단
백질이 풍부해 아기의 성장과 발육에 도움을 줍니다. 육류보다는 흰
살 생선이 알레르기가 적고 소화가 잘 돼요. 붉은살 생선은 알레르
기를 일으킬 수 있으니 1세 이후에 먹이는 것이 좋습니다. 생선은 너
무 많이 먹이지 말고 일주일에 두 번 정도 먹이세요.

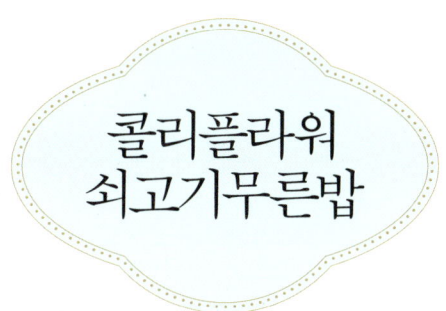

콜리플라워 쇠고기무른밥

〜재료〜

밥 60g, 쇠고기 30g, 콜리플라워 30g,
참기름 1ts, 물 100ml

1 쇠고기는 찬물에 30분 정도 담가 핏물을 빼 100ml의 끓
는 물에 넣고 3분 정도 삶아 건진 다음 육수를 면포에 거
르고 삶은 쇠고기는 0.7cm 크기로 썰어둔다.

2 콜리플라워는 밑동을 제거하고 꽃봉오리 부분만 끓는 물
에 3분 정도 데친 뒤 곱게 다져준다.

3 달군 냄비에 참기름을 두르고 1의 쇠고기를 볶아준다.

4 3에 밥과 다진 콜리플라워, 1의 육수를 넣고 센 불에서 주
걱으로 저어가며 한소끔 끓이다가 약한 불로 줄이고 뚜껑
을 닫아 밥이 퍼질 때까지 10분 정도 더 끓여준다.

⊕ 콜리플라워는 다른 채소와는 달리 비타민C가 열에 의해 잘 파괴
되지 않아 가열해 먹어도 좋습니다. 또한 섬유질이 풍부한 채소입니
다. 이유식이 익숙하지 않아 변비가 생긴 아기에게 먹여보세요.

애호박새우
무른밥

~재료~

밥 60g, 새우 30g, 애호박 30g, 참기름 1ts, 채소육수 100ml

1 새우는 껍질을 벗기고 끓는 물에 삶아 0.5cm 크기로 썰어
둔다.

2 애호박은 0.7cm 크기로 썰어 달군 냄비에 참기름을 두르
고 투명하게 익을 때까지 볶아준다.

3 2에 밥과 채소육수를 넣고 센 불에서 주걱으로 저어가며
한소끔 끓이다가 새우를 넣고 약한 불로 줄인 다음 뚜껑
을 닫아 밥이 퍼질 때까지 10분 정도 더 끓여준다.

⊕ 애호박은 알레르기가 있거나 위장이 약한 아기에게 먹이면 좋아
요. 껍질 부분이 단단하여 이유식 초기 단계의 아기들이 먹기에는 부
담스럽지만, 후기나 완료기 아기들에게는 다 벗기지 않고 먹여도 됩
니다.

쇠고기우엉
무른밥

―재료―

밥 60g, 쇠고기 30g, 양파 10g, 우엉 10g,
식초 약간, 물 100ml

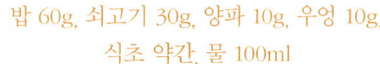

1 쇠고기는 찬물에 30분 정도 담가 핏물을 빼 끓는 물
   100ml에 3분 정도 삶아 건진 다음 육수를 면포에 거르고
   삶은 쇠고기는 0.5cm 크기로 썰고 양파도 같은 크기로 썰
   어둔다.

2 우엉은 껍질을 벗기고 찬물에 담가둔다.

3 냄비에 우엉이 잠길 정도의 물을 부은 뒤 식초를 넣고 삶
   아 건진 다음 곱게 갈아준다.

4 냄비에 밥과 쇠고기, 양파, 우엉, 1의 쇠고기육수를 넣어
   센불에서 주걱으로 저어가며 한소끔 끓이다가 약한 불로
   줄이고 뚜껑을 닫아 밥이 퍼질 때까지 10분 정도 더 끓여
   준다.

⊕ 우엉은 신장에 좋고 식이섬유가 많아 아기의 배변활동을 활발하
게 합니다. 또한 항균 작용, 이뇨 작용에도 효과적이에요. 좋은 등급
의 부드러운 안심과 우엉을 넣어 조리하면 더욱 좋습니다.

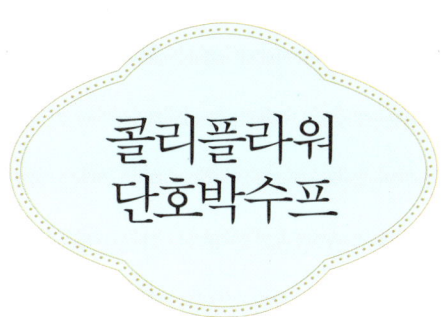

콜리플라워
단호박수프

콜리플라워 30g, 단호박 40g, 식빵 1/2장, 모유 100ml

1 콜리플라워는 꽃봉오리만 다듬어 잘게 다지고, 단호박은 껍질과 씨를 제거하여 끓는 물에 삶아 다져준다.

2 식빵은 가장자리를 제거하고 0.8cm 폭으로 길게 썬 다음 마른 팬에 바삭하게 구워 크루통을 만든다.

3 1에 모유를 넣어 핸드 블렌더로 곱게 간 다음 부드럽게 흘러내릴 때까지 끓이다 그릇에 담고 2의 크루통을 작게 썰어 띄운다.

⊕ 비타민A, C, 섬유소, 칼륨과 항산화 물질의 함량이 높은 단호박을 넣으면 색과 향이 모두 살아납니다. 초중기 이유식에는 쪄서 으깨어 넣곤 하는데, 후기부터는 아기가 식감을 느낄 수 있도록 적당한 크기로 썰어서 넣어주세요. 재료의 모유는 분유 탄 물이나 우유로 대체해도 됩니다.

대구닭고기
양파참깨죽

~재료~

쌀 30g, 대구살 30g, 닭 안심 30g, 양파 10g,
참깨 1/2ts, 물 300ml

1 대구살은 잘게 썰어 물을 넣고 자작하게 끓여 건져내고 육수는 면포에 걸러준다.

2 양파는 잘게 다지고 닭 안심은 끓는 육수에 삶은 후 다져준다.

3 쌀은 1의 육수 50ml와 함께 갈고, 참깨는 절구에 곱게 빻아준다.

4 냄비에 3과 나머지 육수, 닭 안심, 대구살, 양파, 참깨를 넣고 쌀이 퍼질 때까지 10분 정도 끓여준다.

⊕ 닭고기는 초기 이유식부터 사용할 수 있지만 쇠고기 위주로 먹이고 가끔 대체하는 것이 좋습니다. 후기 이유식 중이라면 두 끼는 쇠고기, 한 끼는 닭고기로 먹이세요. 닭은 힘줄 부분이나 껍질 부분을 제거한 안심을 사용하고 만약 닭봉이나 닭다리살을 이용할 경우 살코기 부위만 가려내어 사용하면 됩니다.

콩국수

~ 재료 ~

검은콩 35g, 오이 40g, 표고버섯 1/2개,
참깨 1/2ts, 소면 50g, 물 200ml

1 검은콩은 물에 불린 후 껍질을 벗기고 삶아준다.

2 믹서에 삶은 콩과 물 50ml를 넣고 곱게 갈아준다.

3 오이는 껍질과 씨를 제거하고 0.5cm 크기로 다져준다.

4 표고버섯은 삶은 후 0.5cm 크기로 다져준다.

5 참깨는 절구에 빻아준다.

6 소면은 물에 삶은 후 찬물에 씻어 준비하고 냄비에 2와
   나머지 물, 오이, 표고버섯, 참깨를 넣고 끓인 다음 삶은 소
   면에 부어 버무린다.

⊕ 콩은 고단백 식품으로 빈혈과 두뇌 발달에 특히 좋습니다. 알레르
기가 있는 아기의 경우 콩과 두부는 1세 이후에 먹이는 것이 좋아요.
또한, 후기 이유식에 들어가면 아기에게 국수를 먹일 수 있습니다. 국
수는 쌀국수나 우리밀 국수가 적당하고, 소면으로 준비하세요.

쇠고기
우엉덥밥

~재료~

밥 60g, 쇠고기 20g, 양파 10g, 우엉 10g,
달걀노른자 1개, 물 250ml, 식초 1/3TS

1 쇠고기와 양파를 다져둔다.

2 우엉은 껍질을 벗겨 냄비에 물 200ml와 식초를 넣고 삶은
   후 찬물에 행궈 0.2cm로 다져준다.

3 팬에 나머지 물을 붓고 쇠고기, 양파, 우엉을 함께 끓여준
   다.

4 고기가 익으면 달걀노른자를 풀어 넣고 달걀노른자가 다
   익으면 밥에 올린다.

⊕ 우엉은 섬유질이 많아서 변비에 좋고 빈혈 예방과 치료에도 효과
가 있어요. 우엉 특유의 향긋한 향이 식욕을 자극해 아기들이 잘 먹
습니다. 하지만 딱딱하기 때문에 믹서에 갈거나 아주 곱게 다져서 넣
어야 합니다. 우엉을 삶을 때 넣는 식초는 자연 발효된 천연 양조식
초를 사용하세요.

멸치김주먹밥

~재료~

밥 120g, 잔멸치 3g, 구운 김 1장, 참기름 약간

1 잔멸치는 30분 정도 물에 담가 짠맛을 뺀 후 체에 받쳐 물 기를 빼고 키친타월로 나머지 물기를 없앤다.

2 팬에 참기름을 두르고 약한 불에서 멸치를 살짝 볶아 바 삭하게 만들고 키친타월로 기름기를 제거해 믹서에 곱게 갈아준다.

3 김은 잘게 부순 다음 멸치와 밥, 참기름과 함께 버무려 작 은 크기로 동글동글하게 빚는다.

⊕ 멸치는 단백질, 칼슘, 무기질이 풍부합니다. 물에 담가 염분을 제 거하지 않으면 짤 수 있으므로 염분기를 충분히 빼내야 합니다. 이유 식에는 식감이 부드러운 잔멸치를 아기 목에 걸리지 않도록 잘게 다 져서 사용하는 것이 좋습니다.

두부덮밥

~ 재료 ~

밥 60g, 두부 20g, 쇠고기 10g, 양파 10g, 애호박 5g,
육수 60ml, 녹말물 1ts, 참기름 약간

1 두부는 끓는 물에 한 번 데쳐 쇠고기, 양파, 애호박과 함
   께 다져준다.

2 팬에 참기름을 조금 두르고 양파, 쇠고기, 애호박 두부 순
   으로 두부가 으깨지지 않도록 볶다가 육수를 부어 센 불
   에서 한소끔 끓이다가 약한 불로 줄이고 5분 정도 더 끓
   여준다.

3 녹말물(녹말가루:물 =1:2)을 돌리면서 넣어 1분 정도 더
   끓인 후 밥 위에 올려준다.

⊕ 밭의 고기라고도 하는 콩을 원료로 해서 만든 두부의 단백질은
필수 아미노산을 많이 함유하고 있습니다. 주성분인 탄수화물은 장
의 움직임을 활발하게 해주어 소화와 흡수를 도와줍니다. 또 리놀산
을 함유하고 있어 혈액을 맑게 해줍니다.

쇠고기전

~재료~

쇠고기 100g, 두부 50g, 당근 10g, 브로콜리 10g,
양파 10g, 포도씨유, 밀가루 약간

1 쇠고기는 잘게 다지고 두부는 끓는 물에 살짝 데친 다음
   으깨준다.

2 당근, 브로콜리, 양파는 잘게 다져준다.

3 쇠고기와 두부, 밀가루, 2의 채소를 함께 섞은 다음 모양
   내서 빚는다.

4 달군 팬에 포도씨유를 약간 두르고 기름이 데워지면 키친
   타월로 기름을 살짝 닦은 후 3을 올려 약한 불에서 타지
   않게 구워준다.

⊕ 쇠고기는 아기의 철분 보충을 위해 필요한 아주 중요한 재료입니
다. 당근, 양파, 두부 등 다양한 채소를 넣어 만들면 고단백, 고칼로리
이유식이 완성됩니다. 흔히 이유식 다짐육이라고 포장된 것을 많이
쓰는데 다짐육은 어느 부위를 넣었는지 정확히 알 수 없고, 아기들은
아직 면역력이 약하기 때문에 덩어리째 사서 직접 다지는 것이 좋습
니다.

생선완자탕

~ 재료 ~

완자 재료 : 흰살 생선 120g, 양파 15g, 달걀노른자 1/2개,
녹말가루1TS
국물 재료 : 쇠고기 15g, 팽이버섯 10g, 표고버섯 10g,
가지 15g, 근대 5g, 육수 250ml, 녹말물 1ts

1 흰살 생선과 양파는 잘게 다져준다.

2 국물 재료의 쇠고기와 버섯, 채소는 모두 다진 다음 육수
   에 넣어 끓여준다.

3 1과 나머지 완자 재료를 섞어 버무린 후 엄지손톱만한 크
   기로 빚은 다음 2에 넣고 끓이다가 마지막에 녹말물을 풀
   어 걸쭉하게 만든다.

⊕ 동태 등의 냉동 생선은 수분이 많아 잘 빚어지지 않으니 생물 생
선을 이용하세요. 원래 생선완자는 달걀흰자를 사용하지만 1세 전 아
기용 이유식 생선완자를 만들 때는 노른자만 사용합니다.

감자흰살생선
무른밥

~ 재료 ~

밥 40g, 감자 15g, 흰살 생선 10g, 양배추 10g,
당근 10g, 브로콜리 10g, 물 60ml

1 흰살 생선은 껍질과 가시를 제거한 뒤 살만 다져준다.

2 감자, 양배추, 당근은 0.5cm 크기로 썰어둔다.

3 브로콜리는 끓는 물에 살짝 데쳐서 잎 부분만 잘게 다져
   준다.

4 냄비에 다진 흰살 생선을 넣고 살짝 볶다가 물과 썰어둔
   감자, 양배추, 당근을 넣고 끓이다 한소끔 끓으면 불을 줄
   이고 밥과 브로콜리를 넣어 뜸을 들인다.

⊕ 영양가로만 본다면 등푸른 생선이 우수하지만 아직까지는 알레
르기를 유발할 위험이 있으므로 흰살 생선을 이용하는 것이 좋습니
다. 대구는 9~2월, 옥돔은 12~2월, 도미는 3~5월이 제철입니다. 생선
은 가자미나 대구, 명태처럼 기름기가 적은 흰살 생선을 쓰다가 후기
이유식 후반으로 가서 연어 같은 붉은살 생선도 조금씩 먹이세요.

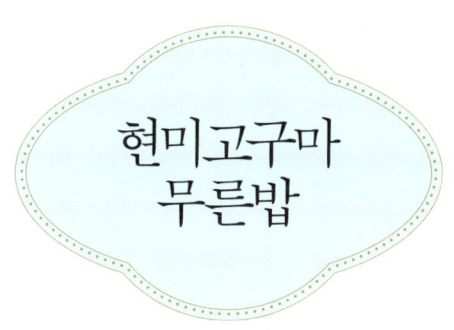

현미고구마
무른밥

～재료～

불린 쌀 20g, 불린 현미찹쌀 10g, 고구마 20g,
당근 10g, 호두 1개, 물 120ml

1 고구마와 당근은 껍질을 벗기고 0.5cm 크기로 썰어둔다.

2 호두는 끓는 물에 살짝 데쳐서 속껍질을 벗겨낸 다음 키
친타월을 깔고 잘게 다져둔다.

3 냄비에 불린 쌀과 현미찹쌀을 넣고 물을 부은 뒤 센 불에
서 한소끔 끓이다가 약한 불로 줄이고 고구마와 당근을
넣고 밥알이 부드럽게 퍼질 때까지 끓여준다.

4 마지막에 다진 호두를 넣고 1분 정도 뜸을 들인다.

⊕ 고구마는 비타민C, 섬유소, 티아민, 칼륨 및 구리의 함량이 아주
높고 단백질, 칼슘과 철분의 좋은 공급원입니다. 밤고구마가 호박고
구마에 비해 섬유질이 적은 편입니다. 으깬 고구마를 칼로 다져주면
섬유질이 분리됩니다.

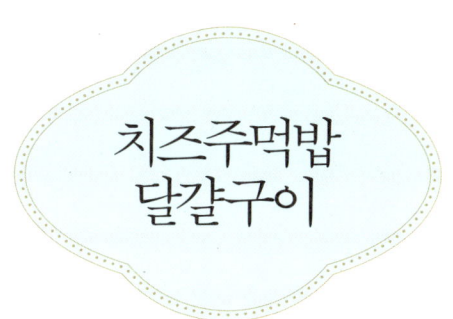

치즈주먹밥 달걀구이

~ 재료 ~

밥 40g, 고구마 10g, 당근 10g, 애호박 10g,
유아용 치즈 1/2장, 달걀노른자 1개,
분유가루 1TS, 우유 1TS, 포도씨유 1ts

1 고구마와 당근, 애호박은 끓는 물에 데쳐 0.5cm 크기로
썰고 치즈는 잘게 다져준다.

2 밥에 익혀낸 고구마, 당근, 애호박을 넣고 잘 섞어준 후 작
게 뭉쳐 속에 다진 치즈를 넣어 주먹밥을 만든다.

3 달걀노른자에 분유가루와 우유를 넣고 잘 섞은 뒤 뭉친
주먹밥을 살짝 담갔다가 포도씨유를 두른 팬에서 굴려가
며 익혀낸다.

⊕ 달걀노른자는 7개월 이후 시도합니다. 노른자가 괜찮다면 흰자는
1~2개월 뒤에 먹여보세요. 노른자에는 비타민D가 풍부하며, 두뇌 회
전과 집중력 향상에 좋은 콜린과 레시틴이 함유되어 있습니다.

바나나달걀찜

~ 재료 ~

달걀노른자 1개, 바나나 1/2개, 감자 10g, 당근 10g,
애호박 10g, 모유 80ml

1 바나나는 포크나 매셔로 으깨준다.

2 감자와 당근, 애호박은 0.5cm 크기로 썰어 준비한다.

3 달걀노른자에 모유를 섞어 잘 풀고 체에 한 번 걸러준다.

4 으깬 바나나와 썰어둔 채소에 달걀물을 넣고 잘 섞어 내
열 용기에 담아 중탕으로 쪄낸다.

⊕ 바나나는 비타민C, 칼륨, 섬유소, 망간의 함량이 아주 높고 마그
네슘, 엽산, 구리의 좋은 공급원입니다. 열량이 높아 매일 먹는 밥을
약간 지겨워하는 아기들의 한 끼 식사로도 좋아요. 하지만 덜 익은
바나나는 변비를 유발할 수 있으니 충분히 익은 바나나를 사용합니
다. 재료의 모유는 분유 탄 물이나 우유로 대체해도 됩니다.

멸치장국
쌀국수

~재료~

쌀국수 30g, 쇠고기 10g, 달걀노른자 1/2개, 오이 10g
멸치다시마육수 : 잔멸치 10g, 다시마 1장, 물 200ml
쇠고기 밑간 : 양파즙 1/2ts, 참기름 1/2ts

1 분량의 물에 멸치와 다시마를 잘게 잘라 넣고 끓여 면포
  에 걸러내어 멸치다시마육수를 만든다.

2 쇠고기는 0.3cm 크기로 다져서 밑간해 두었다가 달군 팬
  에 살짝 볶아낸다.

3 달걀노른자는 얇게 지단을 부쳐 0.5cm 크기로 채 썰고 오
  이는 5cm 길이로 채 썰어 끓는 물에 살짝 데쳐 준비한다.

4 쌀국수는 끓는 물에서 삶아 찬물에 헹군 뒤 굵게 다져준
  다.

5 냄비에 멸치다시마육수를 넣고 끓으면 썰어둔 쌀국수를
  넣고 한소끔만 끓인 뒤 볶은 쇠고기와 지단, 오이를 얹어
  낸다.

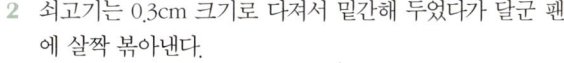

⊕ 멸치는 대표적인 고칼슘 식품으로 아기의 성장과 발육에 큰 도움
을 줍니다. 아직 밀가루를 먹이기에는 이른 시기이니 쌀국수를 이용
하세요. 아기의 목에 걸리지 않도록 국수는 잘게 잘라줘야 합니다.

닭고기버섯 리조토

~재료~

불린 쌀 30g, 닭 가슴살 20g, 양송이버섯 10g, 당근 10g,
브로콜리 10g, 모유 2TS, 닭고기육수 120ml

1 닭 가슴살은 끓는 물에 삶아서 0.5cm 크기로 썰어둔다.

2 양송이버섯과 당근도 0.5cm 크기로 썰어둔다.

3 브로콜리는 데쳐서 꽃잎 부분만 다져준다.

4 냄비에 불린 쌀과 닭 육수를 넣고 끓어오르면 손질해놓은
채소와 닭고기를 넣고 약한 불에서 끓이다가 밥알이 푹
익으면 모유를 넣고 뜸을 들인다.

⊕ 버섯은 채소와 과일류의 무기질과 육류의 단백질을 고루 갖추고
있습니다. 양송이버섯은 버섯 중에서도 단백질 함량이 가장 높고, 다
른 버섯에 비해 식감이 부드럽고 질기지 않아 이유식 재료로 좋습니
다. 수용성 영양소를 모두 섭취할 수 있으므로 수프에 넣거나 볶아서
먹으세요. 재료의 모유는 분유 탄 물이나 우유로 대체해도 됩니다.

단호박 찹쌀옹심이

~재료~

단호박 50g, 찹쌀가루 30g, 뜨거운 물 2TS,
물 150ml, 다진 파슬리 약간

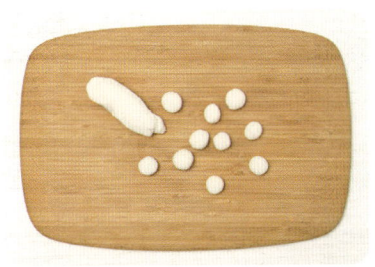

1 찹쌀가루에 뜨거운 물을 넣고 익반죽해 동그랗게 옹심이
   를 빚어준다.

2 단호박은 찌거나 삶아서 매셔로 으깨준다.

3 냄비에 물과 으깬 단호박을 넣고 잘 풀어준 뒤 찹쌀 옹심
   이를 넣고 끓이다가 찹쌀 옹심이가 폭 익으면 마지막에
   다진 파슬리를 솔솔 뿌려낸다.

⊕ 찹쌀의 따뜻한 성질은 소화가 잘 되도록 도와주며 비타민B와 비
타민D가 많아 면역력을 높여줍니다. 철분도 많이 들어 있어 자칫 철
분이 부족하기 쉬운 아기에게 아주 좋은 식재료입니다. 찹쌀은 점성
이 높아 뭉칠 수 있으니 쌀을 조금 섞어 조리하세요.

생선두부전

~ 재료 ~

두부 50g, 흰살 생선 30g, 양파 5g, 달걀노른자 1개,
분유가루 1/2TS, 우유 1TS, 녹말가루 1/2ts, 포도씨유 1ts

1 두부는 찬물에 20분 정도 담가 염분을 빼낸 뒤 물기를 꼭
   짜 으깨준다.

2 흰살 생선은 껍질과 가시를 제거한 뒤 살만 발라 칼로 으
   깨듯이 다져준다.

3 양파도 잘게 다져 찬물에 담갔다 건져낸다.

4 으깬 두부에 생선, 양파, 녹말가루를 넣고 잘 섞어 반죽한
   뒤 동글납작하게 빚는다.

5 달걀노른자에 분유가루와 우유를 넣고 잘 섞은 뒤 4를 담
   갔다가 건져 포도씨유를 두른 팬에서 앞뒤로 노릇하게 구
   워준다.

⊕ 고소하고 담백한 두부는 100g당 91kcal의 열량을 내며 소화율
이 95% 이상이나 되어 다른 식품과 조화를 이루는 특징이 있습니다.
단, 두부는 주원료가 대두인 만큼 알레르기가 있는 아기는 1세가 지
난 후에 먹이세요.

PART 5

다양한 맛을 즐기는
완료기 이유식

만12~16개월

감자수제비

~재료~

쌀가루 15g, 밀가루 10g, 감자 20g, 애호박 5g,
달걀물 2TS, 통깨 3g, 다시마물 130ml

1   절구에 간 통깨와 밀가루, 쌀가루, 달걀물을 볼에 넣어 반죽한다.

2   애호박과 껍질을 벗긴 감자는 얇게 채 썰어둔다.

3   냄비에 다시마물을 부어 끓이면서 1을 얇게 떼어 넣는다.

4   3의 반죽이 어느 정도 익으면 2의 채소를 넣고 5분 정도 더 끓여준다.

⊕ 아기가 이유식에 익숙해지면 밀가루를 조금씩 뿌려주면서 글루텐 알레르기를 테스트해보는 것이 좋습니다. 사실 초기 단계부터 가능하지만, 불안하다면 6개월쯤부터 해보세요. 방법은 조리 중인 이유식에 밀가루 아주 소량을 살짝 뿌려 끓이는 것입니다. 미국에는 글루텐 알레르기를 가진 사람들이 많아 식료품이나 가공식품을 '글루텐 무첨가로 판매하는 경우가 많습니다. 하지만 우리나라의 경우 밀가루 알레르기가 많지 않으니 너무 걱정하지 않아도 됩니다.

닭고기시금치 그라탕

～재료～

닭 안심 20g, 시금치 10g, 당근 10g, 양파 10g,
우유 60ml, 유아용 치즈 1/3장

1 닭 안심은 힘줄을 잘라내고 칼집을 넣어 얇게 포 뜬 뒤 7cm 크기로 네모지게 자른다.

2 시금치는 잎만 손질해서 끓는 물에 데친 후 찬물에 헹궈 3~4cm 길이로 잘라둔다.

3 당근과 양파는 껍질을 벗긴 후 잘게 다져준다.

4 오목한 내열 용기에 닭고기를 깔고 2, 3을 적당히 차례대로 올린다.

5 4 위에 우유를 자작하게 부은 후 다시 닭고기를 올리고 채소, 우유순으로 넣어 반복해 쌓은 뒤 치즈를 잘게 잘라 올리고 랩을 씌워 전자레인지에서 고기가 익고 치즈가 녹을 때까지 5분간 익혀준다.

⊕ 시금치는 비타민A, B1, B2, C, 칼슘과 철분이 풍부합니다. 시금치에 풍부한 철분과 엽산은 빈혈을 예방하고 향과 맛이 강하지 않아 아기에게 더없이 좋은 채소입니다. 시금치는 데쳐서 이유식에 넣어야 하는데 시금치의 수용성 유기산들이 데치지 않고 사용하면 결석의 원인이 될 수 있기 때문입니다. 살짝 데치면 수용성인 유기산들이 제거되니 안심하세요.

해물달걀찜

~ 재료 ~

오징어 20g, 새우살 10g, 양파 10g, 청경채 5g,
달걀 1개, 다시마물 130ml

1 새우살은 등쪽 내장을 이쑤시개로 제거한 후 0.5cm 크기로 썰어둔다.

2 오징어는 몸통만 껍질을 벗겨 0.5cm 크기로 사각썰기한 뒤 칼등으로 한 번 두들겨준다.

3 양파는 껍질을 벗겨 믹서로 갈아주고, 청경채는 잎 부분만 손질해 0.5cm 크기로 사각썰기한다.

4 달걀은 고운 체에 한 번 내려 다시마물과 섞어준다.

5 4에 1, 2, 3을 넣어서 김이 오른 찜통에 넣고 5분간 찐 뒤 불을 끄고 5분간 익혀준다.

⊕ 달걀은 7개월에 노른자부터 시작합니다. 완전히 익혀서 먹어야 하고 환자는 1~2개월 지난 후에 1세 전이라도 첨가할 수 있습니다. 달걀노른자는 탄수화물, 지방, 단백질과 비타민, 미네랄이 포함된 완전식품입니다.

감자생선구이

~재료~

대구살 60g, 알감자 3~5개, 레몬즙 1TS, 올리브유 약간

1 대구살은 살만 덩어리째로 발라낸 뒤 레몬즙을 뿌린다.

2 알감자는 끓는 물에 삶아준다.

3 삶은 알감자는 껍질을 벗겨 1/2등분해준다.

4 팬에 올리브유를 두르고 대구살을 구워 삶은 알감자와 함께 곁들여 낸다.

⊕ 감자는 껍질과 씨눈을 제거해 먹여야 합니다. 비타민C가 사과보다 9배 많은데 전분 안에 들어 있어 가열해도 쉽게 파괴되지 않고, 칼륨도 풍부해 나트륨 배출을 도와줍니다. 우유나 치즈와 함께 먹으면 영양 균형은 물론 맛까지 좋아져 아기가 좋아해요. 단단하고 묵직한 것이 좋고, 껍질이 매끈하며 주름이 없는 것, 싹이 돋지 않은 것을 고르세요.

시금치 깨소스무침

~재료~

시금치 50g, 두부 20g, 당근 10g, 통깨 3g, 참기름 약간

1 시금치는 잎 부분만 손질해 씻은 후 끓는 물에 소금을 약 간 넣고 뚜껑을 연 채 살짝 데친 다음 찬물에 헹궈 물기를 꼭 짠 후 3cm 길이로 썰어둔다.

2 당근은 껍질을 벗기고 3cm 길이로 곱게 채 썬 뒤 끓는 물에서 3분 정도 데쳐 물기를 제거한다.

3 통깨는 절구에 갈아준다.

4 두부는 끓는 물에 살짝 데친 후 키친타월에 받쳐 숟가락으로 눌러 부드럽게 으깨준다.

5 4에 1의 시금치와 2의 당근, 통깨, 참기름을 넣고 버무린다.

⊕ 시금치는 중기까지는 잎만 먹이고, 이후부터는 줄기도 함께 먹이세요. 칼륨, 나트륨, 철분이 풍부하고 오메가3지방산의 좋은 공급원이며, 허약한 아기에게 좋은 식재료입니다. 색과 향이 강해 아기가 잘 먹지 않는다면 처음에 조금만 먹이고 양을 조금씩 늘려가세요. 시금치는 잎의 녹색이 선명하고 표면이 까끌까끌한 것이 싱싱하고 맛있어요. 누런 잎이나 시든 잎이 포함된 줄기는 피해야 합니다.

고기옥수수 동그랑땡

~재료~

쇠고기 25g, 돼지고기 25g, 양파 5g, 완두 10g,
옥수수 10g, 달걀 1/2개, 참기름 1ts
깨소금, 올리브유 약간

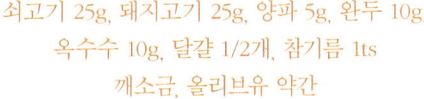

1. 다진 쇠고기와 돼지고기는 합쳐서 참기름과 깨를 넣어 밑간해둔다.

2. 옥수수는 쪄서 분량만큼 알을 떼어내고, 완두는 하루 정도 물에 불려 껍질을 벗겨내고 칼등으로 대충 눌러서 으깨준다.

3. 양파는 껍질을 벗긴 후 0.3cm 크기로 사각썰기한다.

4. 볼에 1, 2, 3을 넣고 충분히 치댄 다음 지름 3cm 정도로 빚어서 납작하게 만들고 달걀은 잘 섞이도록 풀어둔다.

5. 달군 팬에 올리브유를 두르고 4를 풀어둔 달걀에 살짝 적신 뒤 팬에 올려 뒤집어가며 구워준다.

⊕ 옥수수는 단백질, 지질, 당질, 섬유소, 무기질을 함유하고 있고 식이섬유가 풍부해서 변비에 효과적입니다. 반면 비타민과 필수아미노산은 부족하므로 옥수수와 다른 야채를 함께 조리해주세요.

브로콜리 멸치주먹밥

～재료～

밥 60g, 브로콜리 20g, 잔멸치 1TS,
포도씨유, 소금 약간

1 브로콜리는 밑동을 제거하고 꽃봉오리 부분만 끓는 물에
   데친 뒤 곱게 다져준다.

2 잔멸치는 30분 정도 물에 담가 짠맛을 뺀 후 체에 받쳐 물
   기를 빼고 키친타월로 나머지 물기를 없앤다.

3 달군 팬에 포도씨유를 두르고 잔멸치를 넣어 약한 불에
   서 1분 정도 볶아준다.

4 밥에 브로콜리와 잔멸치를 섞고 소금으로 간한 뒤 완자
   모양으로 빚는다.

⊕ 멸치는 단백질과 칼슘, 무기질이 풍부해서 어린이들 성장과 발육
에 큰 도움이 되고 아기의 뼈 형성과 보충에 탁월한 식품입니다. 브
로콜리는 비타민A가 풍부해 감기나 세균의 감염을 예방하고 면역력
을 강화시켜줍니다. 또한 비타민U가 들어 있어 위장을 튼튼하게 해
줍니다.

닭고기
카레라이스

~ 재료 ~

밥 60g, 닭고기 30g, 양파 30g, 고구마 10g,
애호박 10g, 당근 10g, 피망 10g, 포도씨유 약간,
닭고기육수 300ml, 카레가루 1TS

1   닭고기는 잘게 다져준다.

2   준비해둔 모든 채소는 0.7cm 크기로 썰어둔다.

3   달군 팬에 포도씨유를 두르고 닭고기와 채소를 넣어 볶다
    가 닭고기육수를 넣고 채소가 익을 때까지 끓여준다.

4   3에 카레가루를 넣어 잘 풀고 센 불에서 한소끔 끓이다가
    약한 불로 줄여 4~5분 정도 뭉근하게 끓여 밥 위에 올린
    다.

⊕ 카레는 순한 맛으로 준비하고, 색과 향이 날 정도로 아주 조금씩
넣어야 합니다. 흔히 마트에서 파는 카레는 인공 첨가물이 많이 들어
있습니다. 유기농으로 구입하는 것이 좋고, 아기용 카레는 전분이 들
어 있지 않아 어른 것처럼 걸쭉해지지 않아요.

버섯우유리조토

～재료～

밥 60g, 느타리버섯 20g, 양송이버섯 20g, 양파 10g,
유아용 치즈 5g, 우유 50ml, 물 1TS, 쇠고기육수 50ml

1 느타리버섯과 양송이버섯, 양파는 잘게 다져준다.

2 달군 팬에 양파를 넣어 투명해질 때까지 볶은 다음 물
1TS과 다진 버섯을 넣고 볶아준다.

3 2에 밥과 육수를 넣고 약한 불에서 한소끔 끓여준다.

4 3에 우유를 붓고 센 불에서 저어가며 한소끔 더 끓이다
약한 불로 줄이고 밥이 퍼질 때까지 끓이다가 마지막에
치즈를 넣어 녹이며 섞어준다.

⊕ 면역력을 키워주는 버섯은 듬뿍 넣어줍니다. 리조토는 본래 쌀을
볶아 익혀서 만들지만 아기에게는 자칫 딱딱할 수 있으니 이유식을
만들 때는 밥을 이용합니다.

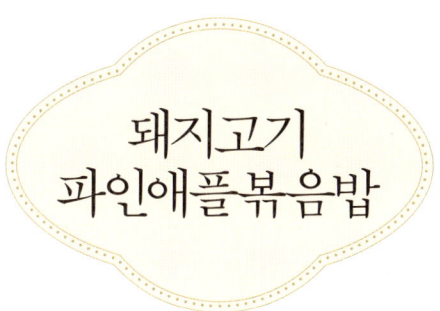

돼지고기
파인애플볶음밥

~재료~

밥 60g, 돼지고기 30g, 당근 10g, 감자 10g, 애호박 10g,
파인애플 10g, 양파 10g, 다진 파 5g, 물 3TS, 포도씨유 1TS

1 돼지고기를 다져준다.

2 당근, 감자, 애호박, 파인애플, 양파는 0.5cm 크기로 썰어
   둔다.

3 달군 팬에 포도씨유를 두르고 기름이 데워지면 키친타월
   로 닦은 후 양파와 다진 파를 볶다가 돼지고기, 당근, 감
   자, 애호박, 파인애플순으로 넣어서 볶아준다.

4 3이 어느 정도 익으면 밥과 분량의 물을 넣고 고루 섞어가
   면서 볶아준다.

⊕ 파인애플을 이유식에 넣으면 상큼한 맛이 납니다. 파인애플에는
단백질 분해 효소인 브로멜린이 있어 소화를 도와줍니다. 조리할 때
처음부터 넣기보다는 조리가 끝나갈 때쯤 넣어 한 번 휘저으며 마무
리해주세요. 처음부터 넣어 오래 끓이면 신맛이 나게 됩니다.

전복미역국

~재료~

전복 30g, 마른 미역 1TS, 참기름 1ts, 국간장 1ts,
물 200ml

1 전복은 껍질에서 살을 떼어낸 다음 내장과 입을 제거하고 0.5cm 크기로 자른다.

2 마른 미역은 물에 불린 다음 끓는 물에 살짝 데쳐 0.5cm 크기로 다져준다.

3 달군 냄비에 참기름을 두르고 전복과 미역을 참기름이 겉 돌지 않을 때까지 달달 볶아준다.

4 3에 분량의 물을 붓고 국간장을 넣어 센 불에서 끓이다가 끓어오르면 약한 불로 줄여서 한소끔 더 끓여준다.

⊕ 전복에는 비타민과 미네랄이 풍부합니다. 또한 전복에는 아르기닌 이라는 아미노산 함량이 높아 성장과 발육에 좋습니다. 내장을 사용 할 때는 모래집을 제거하세요. 죽은 전복의 내장은 사용하지 말고 활 전복의 내장만 사용하는 것이 좋습니다.

굴림만두

~재료~

다진 쇠고기 50g, 두부 50g, 양파 10g, 부추 10g,
밀가루 7TS, 참기름 1ts

1 두부는 면포에 싸서 물기를 꼭 짜면서 으깨준다.

2 양파와 부추는 다지고 꼭 짜 물기를 제거한다.

3 다진 쇠고기에 두부, 양파, 부추, 참기름을 넣고 잘 섞어
만두소를 만든다.

4 만두소를 1cm 정도 크기로 동그랗게 빚은 후 밀가루를
묻히고 물에 한 번 담갔다가 건진다.

5 4에 다시 밀가루를 묻힌 다음 끓는 물에 넣고 만두 소가
떠오르면 다 익은 상태이므로 건져낸다.

⊕ 쇠고기나 닭고기가 철분 섭취를 위해 더 좋지만 돼지고기 역시 이
유식 재료로 활용하기에 좋아요. 부위는 기름기가 적은 등심이나 안
심을 사용하세요. 앞다리살, 뒷다리살, 등심, 안심 등은 모두 지방이
적고 사용하기 적당합니다.

콩전

~재료~

콩비지 150g, 애호박 30g, 양파 10g, 부추 10g, 당근 5g,
밀가루 3TS, 포도씨유 2TS, 소금 약간

1 애호박과 양파, 부추, 당근은 잘게 다져준다.

2 콩비지에 밀가루를 넣어 뭉치지 않게 풀어준다.

3 2의 콩비지에 1의 채소와 소금을 넣고 섞어준다.

4 달군 팬에 포도씨유를 두르고 중간 불로 줄인 후 3을 조
 금씩 얹어 앞뒤로 노릇하게 구워준다.

⊕ 콩 종류는 껍질을 벗겨주어야 합니다. 자칫 아기 목에 껍질이 걸
릴 수도 있기 때문입니다. 하루 정도 물에 담가 놓으면 손만 닿아도
손쉽게 껍질이 벗겨집니다. 이유식 만들기 전날 물에 담가 냉장고에
넣어 두었다가 요리를 할 때 꺼내 껍질을 벗기면 편리합니다.

파래전

파래 100g, 밀가루 100g, 물 150ml, 포도씨유 2TS

1 파래는 물에 여러 번 씻어 짠맛을 뺀 후 잘게 다져 밀가루
와 물을 넣고 반죽한다.

2 달군 팬에 포도씨유를 약간 두르고 반죽을 조금씩 얹어
앞뒤로 노릇노릇 구워준다.

⊕ 파래에는 칼슘, 칼륨 등의 무기질이 많이 들어 있습니다. 파래는
색이 검고 윤기가 나며 특유의 향이 진한 것을 고릅니다. 물에 담가
짠맛을 제거한 후 전을 만들면 아기들이 잘 먹습니다. 무침, 볶음, 볶
음밥 등으로도 응용하세요.

맵지 않은
김치오징어전

~ 재료 ~

배추김치 10g, 오징어 30g, 밀가루 2TS,
달걀 1개, 포도씨유 약간

1 배추김치는 씻은 후 물에 담가 매운맛과 짠맛을 빼고 껍
   질을 벗긴 오징어와 잘게 다져준다.

2 오징어와 김치, 밀가루, 달걀을 잘 섞어준다.

3 달군 팬에 포도씨유를 약간 두르고 반죽을 얹어 앞뒤로
   노릇하게 구워준다.

⊕ 오징어는 쇠고기보다 우수한 양질의 단백질이 함유된 식품으로
씹을수록 고소한 맛이 나고 씹는 힘을 길러주기에 좋아요. 너무 크지
않게 잘라주어야 아기가 잘 먹을 수 있어요.

감자애호박밥
새우반찬

〜재료〜

감자 15g, 양파 15g, 애호박 20g, 밥새우 1ts,
물 200ml, 들깨가루 약간

1   감자와 양파, 애호박은 나박썰기한다.

2   냄비에 감자, 양파, 애호박을 넣고 분량의 물을 부어 삶는
    다.

3   팬에 삶은 채소와 밥새우를 볶다가 채소 삶은 물 2~3큰술
    정도 넣고 밥새우가 눅눅해지면 들깨가루를 넣어 약한 불
    에서 볶아준다.

⊕ 애호박은 섬유소와 비타민, 미네랄이 풍부하고 애호박의 달콤한
맛은 아기의 구미를 당기게 할 수 있어 초기에 시도하기 아주 좋은
식재료입니다. 애호박 양쪽 끝부분과 껍질부분은 섬유질이 많고 질
길 수 있으니 몸통 부분을 사용하세요.

전복송이조림

전복 60g, 백만송이버섯 30g, 간장 1/2TS,
물 50ml, 아가베시럽 약간

1 전복은 숟가락으로 살을 떼어낸 후 내장과 입을 제거하고 굵게 썰어둔다.

2 백만송이버섯은 잘게 다져준다.

3 팬에 전복과 백만송이버섯, 분량의 물을 넣고 볶다가 간장과 아가베시럽을 넣고 조린다.

⊕ 조개류는 영양가치가 높고 단백질 함량이 아주 높고 칼로리와 지방은 낮습니다. 종류에 따라 비타민과 미네랄 그리고 오메가3지방산을 다양하게 함유하고 있습니다. 또한 철분이 풍부해서 빈혈을 막고 소화기능장애에 효과적이에요. 재료의 아가베시럽은 조청이나 설탕 1ts로 대체해도 됩니다.

홍합 토마토소스면

~재료~

소면 60g, 홍합 10개, 토마토 1개, 양파 50g, 파프리카 15g,
다진마늘 1ts, 아가베시럽 1/2TS, 포도씨유 1TS, 물50ml

1 홍합은 수염을 제거하고 토마토는 열십자로 칼집을 낸 후
   끓는 물에 담갔다가 껍질을 제거하여 양파, 파프리카와 함
   께 다져준다.

2 팬에 다진 마늘을 볶다가 다진 양파와 파프리카를 넣고
   볶아준다.

3 양파가 투명해지면 토마토와 분량의 물을 넣고 볶다가 토
   마토가 졸면 홍합을 넣고 홍합이 입을 벌릴 때까지 볶아
   준다.

4 소면은 반으로 잘라 끓는 물에 삶다가 끓어오르면 물을
   조금씩 부어가며 삶은 다음 찬물에 비비듯이 헹궈 밀가
   루 맛을 없앤다.

5 3에 4의 소면을 넣고 한 번 더 볶으면서 버무려준다.

⊕ 홍합은 빈혈을 예방하고 뼈를 튼튼하게 해주는 재료입니다. 두뇌
활동에 좋은 오메가3지방산이 풍부하고, 음식에 넣으면 시원한 맛을
냅니다. 아기들은 파스타면 대신 부드러운 소면으로 만들면 먹이기에
더욱 편리합니다. 아가베시럽은 조청이나 설탕으로 대체해도 됩니다.

245

깻잎쇠고기구이

~ 재료 ~

다진 쇠고기 100g, 삶은 메추리알 4개, 깻잎 2장,
양파 10g, 다진 파 1ts, 다진 마늘 1/2ts
맛술 1/2ts, 밀가루 2TS, 포도씨유 2TS, 소금 약간

1 깻잎과 양파는 작게 다져준다.

2 다진 쇠고기에 1의 깻잎과 양파, 다진 파, 다진 마늘, 소금,
맛술을 넣고 반죽한다.

3 삶은 메추리알에 밀가루를 묻힌 후 2의 반죽으로 감싼다.

4 달군 팬에 포도씨유를 두르고 3을 굴려가며 다 익을 때까
지 구워준다.

⊕ 깻잎은 철분이 시금치의 2배가량 함유되어 있고, 칼슘과 철분 등
의 무기질이 풍부한 알칼리성 식품으로 신진대사를 활발하게 해줍니
다. 쇠고기 단백질에는 필수 아미노산이 풍부하고 영양가가 높지만
비타민과 섬유소가 적어 깻잎을 곁들이면 비타민을 보충할 수 있어
요.

현미채소밥

～재료～

쌀 40g, 현미찹쌀 10g, 감자 15g, 당근 10g,
애호박 10g, 시금치 10g, 물 120ml

1 쌀과 현미찹쌀은 깨끗이 씻어 30분 정도 찬물에 불려 준
   비한다.

2 감자와 당근, 데친 시금치는 0.7cm 크기로 썰고 애호박은
   껍질을 벗기고 속을 파낸 뒤 0.7cm 크기로 썰어둔다.

3 냄비에 1과 물을 넣고 센 불에서 끓이다가 한소끔 끓어오
   르면 썰어둔 감자, 당근, 애호박을 넣고 약한 불에서 끓이
   다가 채소들이 익으면 마지막에 시금치를 넣고 밥알이 퍼
   질 때까지 뜸을 들인다.

⊕ 현미는 백미에 비해서 당 지수도 낮고 식이섬유가 풍부합니다. 아
기 두뇌 발달에 좋은 재료지만 거칠기 때문에 소화가 잘 안 된다는
단점도 있습니다. 발아현미로 이유식을 만들면 일반 현미보다 부드럽
고 식이섬유의 함량도 높아서 좋습니다. 알레르기가 있는 아기의 경
우 발아현미를 기름 없이 볶아서 익힌 다음 물을 넣고 차로 끓여 먹
여보세요.

조갯살
콩나물밥

밥 60g, 조갯살 15g, 콩나물 15g, 무 10g,
참기름 1ts, 통깨 약간, 다시마물 60ml

1   조갯살은 깨끗이 씻어 잘게 다져준다.

2   콩나물은 꼬리를 떼고 2cm 길이로 썰어둔다.

3   무는 얇게 채 썰어둔다.

4   냄비에 손질한 조갯살, 콩나물, 무를 넣고 다시마물을 부
     은 뒤 뚜껑을 덮고 끓여준다.

5   콩나물이 익어 비린내가 안 나면 뚜껑을 열고 밥을 넣은
     뒤 참기름과 통깨를 넣고 비벼 낸다.

⊕ 콩나물 100g에는 16~20mg의 비타민C가 함유되어 있는데, 이것만
먹어도 하루에 필요한 비타민C 1/3을 채울 수 있습니다. 면역력을 향
상시키는 작용을 하는 비타민C가 풍부해서 감기 예방에도 효능이
좋고, 섬유질이 풍부해 변비 및 숙변을 해소하는 데 도움이 됩니다.

당면잡채덮밥

～ 재료 ～

밥 60g, 불린 당면 30g, 쇠고기 10g, 표고버섯 10g,
시금치 10g, 당근 10g, 포도씨유 1ts, 육수 100ml,
녹말물 1TS
쇠고기 밑간 : 양파즙 1/2ts, 참기름 1/2ts

1 쇠고기는 0.3cm 크기로 잘라 양파즙과 참기름으로 밑간
   한 뒤 팬에서 볶아준다.

2 당면은 부드러워질 때까지 불려 3cm 정도 길이로 자르고
   표고버섯과 시금치, 당근은 1cm 길이로 얇게 채 썰어둔다.

3 2를 각각 볶아준다.

4 팬에 불린 당면과 육수를 넣고 끓이다가 당면이 익으면
   볶은 채소들을 넣고 녹말물로 농도를 맞춘 뒤 밥에 얹어
   낸다.

⊕ 이유식에 사용할 당면은 첨가물을 넣지 않고 국산 고구마전분
100%로 만든 것을 골라 사용하세요. 아기 건강뿐만 아니라 더 쫄깃
하고 부드러운 잡채를 만들 수 있습니다.

새우라이스 크로켓

밥 60g, 새우살 30g, 양파 10g, 옥수수 10g,
브로콜리 10g, 밀가루, 빵가루, 포도씨유 약간,
달걀물(달걀노른자 1개, 우유 2TS), 식용유 200ml

1 새우살은 데쳐서 다지고 양파, 브로콜리, 옥수수도 다져준다.

2 팬에 포도씨유를 두르고 양파를 볶다가 브로콜리를 넣어 볶아준다.

3 볼에 2와 다진 새우살, 옥수수, 밥을 넣고 잘 섞은 뒤 동그랗게 빚는다.

4 빚은 반죽을 밀가루, 달걀물, 빵가루 순으로 튀김옷을 입혀 160℃에서 튀긴다.

⊕ 새우는 칼슘과 타우린이 풍부하고 각종 비타민과 무기질이 다량 함유되어 있어, 성장과 발육에 효과적인 식품입니다. 새우를 넣어서 만들면 감칠맛이 나서 따로 간하지 않아도 아기들이 잘 먹습니다.

볶음우동

～재료～

우동 50g, 쇠고기 10g, 당근 10g, 애호박 10g,
양배추 10g, 쇠고기육수 60ml
쇠고기 밑간 : 양파즙 1/2ts, 참기름 1/2ts

1   쇠고기는 잘게 다져 양파즙과 참기름으로 밑간한다.

2   우동은 끓는 물에 삶아 3~4cm 길이로 잘라준다.

3   당근, 애호박, 양배추는 1cm 길이로 얇게 채 썰어둔다.

4   달군 팬에 1의 쇠고기와 채 썬 채소들을 볶다가 익으면 쇠고기육수와 우동을 넣고 볶아준다.

⊕ 우동은 밀로 만들어진 면이기 때문에 조리할 때 불을 정도로 푹 익혀서 먹여야 합니다. 대부분의 아기들이 면을 좋아하기도 하지만 오동통한 우동은 부드러운 식감 때문인지 유독 인기가 많아요. 국물에 말은 우동도 좋지만 가끔은 고기와 각종 채소와 함께 볶아주면 좋습니다.

257

고구마치즈경단

~재료~

고구마 50g, 유아용 치즈 1/2장, 우유 1/2TS,
카스텔라가루 약간

1 고구마는 쪄서 뜨거울 때 껍질을 벗겨 으깨어둔다.

2 치즈는 잘게 다져준다.

3 으깬 고구마와 다진 치즈, 우유를 넣어 잘 버무린 뒤 동그
   란 경단 모양으로 빚는다.

4 카스텔라는 노란 부분만 체에 내려 가루를 낸다.

5 4에 고구마경단을 굴려낸다.

⊕ 섬유질이 많은 고구마는 부드럽고 달콤해서 아기가 좋아하고 변
비에도 좋습니다. 치즈는 유산균이 풍부해서 장운동에 도움을 줍니
다. 유당불내증이 있어도 치즈는 먹어도 된다고 하니 우유나 분유 못
먹는 아기들에게도 먹일 수 있어요. 아기들 성장에 가장 중요한 칼슘
이 풍부해서 뼈와 치아를 건강하게 자라게 해줍니다. 단, 나트륨 함
량은 꼼꼼히 따져보세요.

PART 6

이유식에 대해
궁금한 것들

처음 이유식을
시작하기 전에

Q 체중 8킬로그램이 넘게 나가서 포동포동한 편이에요. 주위에서는 지금 이유식을 시작하라고 하는데, 지금 시작해도 될까요? (4개월)

A 생후 5~6개월까지 기다리세요.

이유식의 시작은 체중이 아니라, 아기의 발달을 보고 결정해야 합니다.

통통해도 비만은 아니고, 성인이 되어서 비만이 되는 것도 아니에요. 너무 빨리 이유식을 시작하면 식품 알레르기의 위험이 높아지거나 미숙한 내장에 부담을 주는 등의 단점이 더 많습니다.

Q 모유가 많아서 아기에게 많이 주고 있어요. 아직 모유의 영양이 많아, 이유식을 천천히 시작해도 괜찮다고 들었는데, 이유식 시작을 늦추어도 될까요? (5개월)

A 늦어도 6개월 중에는 시작하는 것이 좋습니다.

모유는 아기에게 최고로 좋지만, 언제까지나 그렇지는 않답니다. 성장에 따라 영양이 부족해지고 아기의 씹는 힘을 키울 수 없기 때문이에요. 식품 알레르기 때문에 이유식은 늦어도 좋다는 이야기도 있지만 이유식의 시작이 늦으면 안 돼요. 씹는 힘을 키워주고 소화 능력을 발달시키기 위해 늦어도 6개월 중에는 시작해야 한답니다.

Q 수유 시간의 1회를 이유식 시간으로 하라고 하지만, 수유 시간이 매일 달라져 일정하지 않아요. 이런데 이유식을 시작해도 괜찮을까요? (5개월)

A 엄마가 이유식 시간을 정해야 합니다.

이유식 시간은 수유 시간에 하는 것이 원칙이지만 실생활에서는 수유 시간이 매일 달라지는 아기도 많이 있어요. 엄마가 비교적 여유가 있는 시간을 이유식 시간으로 정하면 됩니다. 그래서, 이유식 시간 두세 시간 전에는 수유하지 말고, 아기가 배고픔을 느끼면 이유식을 주세요. 이유식 후에 아기가 원하면 모유를 주고요. 이렇게 일정한 시간에 먹이다 보면 자연스럽게 이유식 리듬이 정해집니다.

이유식은 언제,
어떻게 먹이면 될까요?

Q 죽 다음에 먹는 채소는 뭐가 좋을까요? (5개월)

A 아기가 싫어하는 쓴맛이 적은 채소가 좋아요. 끈기 있는 상태로 먹기 쉽게 조리하면 다양한 채소를 먹일 수 있습니다. 처음엔 단호박, 당근처럼 단맛이 있고 부드러워 으깨기 쉬운 채소가 좋아요. 체에 내리면 잎만 사용하는 채소도 가능하지만, 시작 시기는 조금 일러요. 5개월 아기에게는 아직 너무 많은 식품을 주지 않아도 된답니다.

Q 이유식을 주어도 먹지 않고, 울면서 모유만 찾는데, 이유식이 너무 빠른 걸까요? (5개월)

A 이유식 먹는 시간을 앞당깁니다.

5개월이라면, 모유를 너무 좋아해 이유식을 싫어하는 경우도 있어요. 그럴 때는 6개월에 이유식을 시작해도 되는데, 6개월에는 꼭 시작하는 것이 좋아요. 이유식의 타이밍이 맞지 않아, 배가 너무 고파질 가능성도 있어요. 공복의 아기는 배가 고파 익숙한 모유를 원하는 일이 자주 발생하는데 이유식 시간을 30분 정도 앞당겨, 배가 너무 고프지 않을 때 먹여보세요.

Q 너무 조금만 먹어. 채소와 생선을 끈기 있게 조리하는 것이 귀찮아요. (5개월)

A 녹말을 이용해 끈기를 만들기 귀찮다면 죽을 만든 후 위쪽에 떠 있는 끈기 있는 물을 이용해 보세요.

너무 적은 양의 이유식에 끈기를 줄 때 끈기 있는 죽의 윗부분에 떠 있는 물을 섞는 것이 편리할 거예요. 간단하게 끈기를 줄 수 있고 아기도 친숙해 먹기 쉬워요. 죽에 무엇을 섞어도 좋아요. 또 차가워져도 이유식이 딱딱해지지 않아요.

Q 시작하고 10일이 지났는데 죽도 채소도 잘 먹습니다. 처음 먹이는 단백질은 두부를 먹여도 되나요? (5개월)

A 처음 단백질을 줄 때는 주의가 필요해요. 두부는 알레르기 걱정이 적고, 저지방 식품인 데다가 소화 흡수가 좋은 식품이라 아기에게 좋아요. 무엇보다 조리하기 쉬워요. 두부를 먹기 시작하고 3주 정도 지나 두부에 익숙해지면, 흰살 생선을 시작해도 좋습니다.

Q 힘들여 만든 이유식을 아기가 먹어주지 않아 속상해요. 남은 것은 냉장고에 보관하면, 다음날 먹어도 괜찮을까요? (5개월)

A 남은 이유식은 모두 버립니다.

이유식은 영양이 풍부하고 수분도 많은데다가 부드럽고 간을 세지 않게 하기 때문에 세균의 증식이 활발합니다. 그래서 남은 것은 버려야 해요. 그러나 먹이기 전에 나누어 냉장 보관했으면, 하루 정도는 괜찮습니다. 단, 가열 살균은 확실히 해두셔야 해요.

Q 아빠의 귀가에 맞게, 밤 9시에 이유식을 해도 되나요? (6개월)

A 저녁 7시 전에는 이유식을 주세요.

너무 늦은 시간이나 너무 빠른 아침 시간의 이유식은 미숙한 아기의 소화에 부담이 될 수 있어요. 늦어도 7시 정도에는 먹여야 해요. 아기 식사 시간이 늦어지면 늦게 자고 아침엔 늦잠을 자는 생활 습관이 생길 수도 있어요. 밤에 늦게 자면, 아기의 발육에 영향을 줄 수 있으니 일찍 자고 일찍 일어나는 건강한 생활 리듬을 만들기 위해, 늦게 먹이는 것은 피해야 합니다.

Q 맛을 내기 위해 간을 하는 것은 언제부터가 좋을까요? (7개월)

A 아주 소량으로 7개월부터 하세요.

염분은 아기의 소화 기관에 부담을 줍니다. 7개월 이후에는 아주 소량의 소금, 설탕, 오일은 사용하지만, 맛이 나지 않을 정도로 사용하는 것이 좋아요. 술과 미림은 알코올 성분을 날리고 9~11개월부터 사용하세요.

Q 이유식 시간에 자는 일이 많은데 그때마다 깨워서 먹여야 하나요? (9개월)

A 아기를 깨우지 마세요.

3회식을 하면, 낮잠 때문에 점심을 먹지 못하는 일이 많아집니다. 외출하고 돌아올 때나 점심 식사 준비 중에, 아기가 낮잠을 잔다면 깨우지 않는 게 좋아요. 그대로 자게 하고 일어나면 이유식을 먹이고, 다음 이유식 타임을 조금 뒤로 미루세요.

또 이런 경우, 간단히 손에 잡고 먹을 것을 주는 방법이 있어요. 먼저 아기에게 빵이나 바나나 같은 것을 들게 하고, 그 사이에 엄마는 이유식을 준비해보세요.

Q 식사 타이밍을 잡지 못해. 이유식 시간이 일정하지 않아요. 1일 3회식을 하면 불규칙해도 될까요? (10개월)

A 일정 시간에 먹여야 합니다.

처음부터 엄마가 3회의 이유식 타임을 정하고 그 시간을 지키세요. 매일 일정 시간에 먹이면 규칙적인 생활 리듬이 형성된답니다. 식사 시간이 되면, 소화 효소가 나오고 먹기 전에 이유식을 받아들일 상태가 돼요. 이것에 따라 소화 흡수가 부드럽게 되고 필요한 에너지와 영양소가 몸에 전달될 수 있어요. 이렇게 하면, 아기의 컨디션이 좋아져 잘 놀고 잘 자게 됩니다.

Q 생선회를 먹여도 되는 것은 언제부터일까요? (1년 3개월)

A 아기에게 절대 먹이지 말아야 합니다.

세균 때문에 식중독에 걸리거나 기생충이 생길 수 있어요. 이유식을 끝낸 유아기에도 회를 주는 것을 금지합니다. 회는 간 기능이 거의 성인과 같은 8세 이후부터 줄 수 있어요.

Q 냉장고에서 꺼낸 찬 우유는 언제부터 주면 되나요? (1세 3개월)

A 1세 생일을 넘기고 나서부터 주세요.

차가운 것을 먹으면 설사가 날 수 있기 때문에 조금씩 줘야 합니다. 찬 우유를 마시게 하는 건, 1세가 지나고 나서부터예요.

Q 생채소 샐러드를 먹어도 되는 때는 언제인가요? (1세 4개월)

A 이가 나기 시작하면 줍니다.

토마토는 껍질을 까서 주면 괜찮지만, 양상추와 양배추, 파프리카 등은 섬유가 질겨 잇몸으로는 씹기가 어렵습니다. 이가 다 나오지 않은 아기는 먹기가 힘들어요. 양배추는 유치가 나오는 2세 반~3세 반 이상부터 어금니로 먹을 수 있습니다. 그때까지는 채소를 잘라 된장국이나 수프의 건더기로 주는 정도가 좋아요.

모유와 우유는
어떻게 조절하면 될까요?

Q 이유식을 먹은 후, 우유를 마시지 않습니다. 영양은 괜찮을까요? (10개월)

A 자연스러운 일이므로 걱정하지 마세요.
10개월 정도면 식후에 우유를 마시지 않는 아기가 많습니다. 그래도 이유식만으로 영양이 부족하다고 생각된다면 아침과 저녁 두 번 먹이면 됩니다. 양은 총 400ml 정도가 적당합니다. 마시지 않는 경우는 유아용 우유를 이유식에 넣어 먹이세요.

Q 모유를 자주 원해 먹입니다. 이유식은 3회지만 약간만 먹는데 걱정입니다. (1세)

A 모유를 끊으세요.
다음 네 가지 사항을 체크해보세요. 체중이 빠르게 증가한다. 밤에 울고 밤 사이에 수유를 한다. 낮 사이에 모유를 찾는다. 이유식이 순조롭지 않다.
1세를 넘겨 이러한 문제가 있으면 모유를 끊을 때는 생각해봐야 합니다. 모유를 끊는 것은 엄마의 결단이 필요합니다. 아기가 보챈다고 포기하지 마세요. 일주일 정도는 힘들지만 그 기간이 지나면 아기도 엄마도 즐거워질 거예요. 그러나 위의 내용에 해당되지 않고 자기 전에 모유를 원하는 정도라면 무리해서 끊을 필요는 없어요.

Q 젖병을 떼고 이유식도 잘하는데 컵에 있는 우유는 마시지 않는 건 어떤 이유일까요? (1세 3개월)

A 일주일 정도의 시간을 두고 판단하세요.
컵으로 마시지 않으면 일주일 동안 다른 유제품으로 바꿔보세요. 이 시기의 우유는 하루 300~400ml가 적당하고, 요거트 1개(100g)와 슬라이스 치즈 1장 반~2장 반 정도를 식사와 간식으로 주세요. 일주일이 지나면 젖병은 잊고 컵으로 마시게 될 거예요. 컵으로 마시는 것이 잘 안 되는 경우는 위를 향해 마시는 일이 많은데, 이럴 때는 밑을 향해 마시는 연습을 시켜야 합니다.

Q 이유식은 잘 먹는데 모유를 끊지 못합니다. 모유를 언제까지 먹여도 될까요? (1세 6개월)

A 건강하고 체중이 증가하면 이유식만 먹이세요.
3회의 식사를 하고 건강도 좋은 경우에는 밤에만 마시는 정도는 괜찮아요. 1세를 넘기면 영양 보충이 아니라 정신적으로 엄마와 교류하게 해주세요. 2세가 되면 엄마와의 교류를 모유에 의지하지 않고 다른 면에서 활발하게 교류하게 됩니다. 엄마도 2세를 넘어 모유를 주는 것이 힘들어지기 때문에, 이참에 모유를 끊는 것이 좋아요.

이유식 양과 메뉴는
어떻게 조절할까요?

Q 이유식을 시작하고 2일째입니다. 한 스푼은 다 먹고, 더 달라고 합니다. 더 주어도 되나요? (5개월)

A 많이 주어도 되지만 2배까지만 줍니다.
이유식은 아기가 원하는 대로 아기의 식욕에 맞게 주는 것이 원칙이지만, 시작 시기에는 그렇지 않습니다. 처음에는 이유식에 익숙해지는 것이 목적이라 천천히 양을 증가해야 해요. 먹고 싶어해도 표준의 2배까지만 주세요.

Q 이유식을 시작한 지 1개월이 지났는데 1회에 몇 스푼도 안 먹어요. 이래도 2회식을 해야 할까요? (6개월)

A 끈끈한 상태로 먹을 수 있으면 2회식을 합니다.
시작하고 1개월이 지나, 수분을 줄인 끈끈한 상태의 이유식을 잘 먹으면 2회식을 하세요. 주는 시간은 어떤지, 배가 고픈가를 확인해보세요. 타이밍이 맞지 않아 먹지 않는 경우가 많은데, 2회식이 되면 규칙적으로 먹이고 이유식 타임에 공복이 되게 하세요. 지금까지보다 주는 타이밍에 주의하시면 됩니다.

Q 아기가 너무 적게 먹고 체중도 적게 나가 걱정이에요. (9개월) / 식욕 왕성으로 볼이 통통한데, 양을 조절해야 하나요? (8개월)

A 어느 경우든 성장 속도에 맞으면 괜찮아요.
기분도 좋고 건강하고 발달이 순조로우면 됩니다. 과식과 너무 많이 마시는 것이 걱정이라면, 모유는 먹고 싶은 대로 주고 분유는 젖병의 꼭지를 작은 구멍으로 해 10~15분만 마시게 해보세요. 이유식을 적게 주지 말고 질에 관심을 두세요. 끓인 채소를 늘리고 죽이나 곡식은 적당하게, 단백질은 표준 양을 지킵니다.

Q 최근 아기의 상태와 컨디션이 좋았는데 갑자기 먹지 않아 걱정이에요. 또, 양이 늘지 않아 다음 단계로 진행하지 못하는 건 아닐까요? (8개월)

A 성장 정도에 따라 있을 수 있는 일입니다.
이유식에 익숙해질 때, 아기가 갑자기 먹지 않는 시기가 있답니다. 이유식에 질리기 때문일 수도 있어요. 새로운 식재료로 맛을 달리하고 그릇이나 숟가락 모양 등으로 이유식에 변화를 주세요. 외식으로 기분 전환을 하고 아기의 상태를 봐주면, 다시 먹을 거예요. 끈끈한 죽을 먹이다가 수분이 적은 부드러운 밥으로 변화를 주면 잘 먹는 아기도 많으니 시도해보세요. 중간에 잦은 간식은 피하셔야 합니다.

Q 주는 것을 먹고 더 달라고 합니다. 어느 정도까지 먹이면 좋을까요? (10개월)

A 먹고 싶은 만큼 주는 것이 좋아요.
이유식이 너무 부드럽지 않은지 체크해보세요. 씹는 맛이 없으면 먹어도 먹어도 만족하지 못하고 더 먹고 싶어합니다. 부드럽고 촉촉한 밥이나 보통의 밥을 시험해보는 것도 좋고요. 주먹밥을 만들어 손에 들게 하면 먹는 데 시간이 걸리는데, 그 사이에 아기의 공복감이 해결되기도 한답니다.

Q 생선을 먹이고 싶어도, 뼈와 껍질을 제거하는 밑 손질이 귀찮습니다. 어떻게 하면 좋을까요? (11개월)

A 회를 이용하거나 간혹 캔 제품을 이용해보세요. 참치캔 등의 생선 통조림은 뼈 걱정 없이 먹을 수 있어 편리해요. 다만 과한 염분에 주의해야 합니다. 광어나 우럭 같은 회를 사용할 수도 있어요. 또 반건조 가자미는 생선 뼈 바르기도 쉬워서 염분 처리가 과하지 않은 것이라면 사용해도 좋아요. 꽁치 같은 구운 생선을 좋아하는 아기가 많은데 그럴 때에는 비교적 잔가시가 적은 등 부분을 풀어 으깨 사용해보세요.

Q 바빠서 채소를 먹이기가 어려운데, 간단히 채소를 먹이는 방법이 있을까요? (1세)

A 손쉽게 식재료를 냉동해 활용합니다.
생으로 먹어도 좋은 토마토는 항상 준비해두세요. 단호박, 파프리카 등도 좋은 채소에요. 그리고 자주 먹이는 채소를 시간이 있을 때, 한꺼번에 많이 데쳐 냉동 보관하는 방법을 적극 활용해보세요.

이유식은 어떻게 먹이고 조리할까요?

Q 이유식을 먹이려 하면 입을 다물어버려요. (6개월)

A 엄마가 힘들지 않을 정도로만 서서히 시도해봅니다.
먹지 않는 시기는 입을 열게 하는 것으로도 힘이 듭니다. 언젠가는 먹을 것이므로 매회 하는 것이 힘들면 3회에 1회, 엄마가 힘들어하지 않는 범위에서 시도해봅니다. 그래서 입을 열지 않는 원인을 점검하는 것이 좋아요. 모유와 분유를 너무 많이 먹지는 않는지, 이유식을 질려하는 것인지, 너무 같은 종류만 먹인 것인지, 원인을 찾아보고 이에 따른 대책을 마련해보세요.

Q 덩어리가 있으면 토합니다. 부드러운 것만 먹는데 이대로 괜찮은지요? (7개월)

A 아직은 괜찮으니 걱정하지 마세요.
7개월의 아기는 덩어리를 먹지 않는 경우가 있습니다. 아직까지는 매끄러운 이유식으로 괜찮아요. 가끔 연두부나 무국의 무처럼 부드럽고 모양이 있는 것으로 시도해보세요. 점차 익숙해지면 아기가 잘 먹게 될 거예요.

Q 엄마가 먹여줘도 안 먹고 아기가 손으로만 집어 먹으려 하는데 어떻게 할까요? (10개월)

A 혼자 먹도록 두셔도 된답니다.

손의 감각 때문일 수도 있고, 자아가 생기기 시작하면서 혼자 먹으려고 하는 시도일 수도 있습니다. 단, 너무 많은 양을 입에 넣지 않도록 아기의 곁에서 지켜봐주세요.

Q 너무 빨리 먹어 걱정이에요. 씹어 먹는 건지 그냥 삼키는 건지 불안합니다. (11개월)

A 이유식의 형태를 살펴보세요.

씹지 않는 원인이 이유식 상태 때문일 수 있습니다. 너무 단단해 잇몸으로 으깰 수 없지만 식욕 때문에 그대로 삼키는 경우가 있고 반대로 너무 부드러워 혀로 쉽게 으깰 수 있어 잇몸으로 으깨는 것이 필요 없는 경우도 있습니다. 끈기를 너무 과하게 주어 씹지 않아도 쑥 넘어가버리는 경우도 있습니다. 먹는 것을 관찰해 원인을 발견하고 아기에 맞는 형태로 변화를 주면 좋아요. 또, 너무 배가 고파 빨리 먹는 경우는 식사 시간을 10분 당겨 천천히 먹이도록 합니다.

Q 채소를 안 먹습니다. 채소가 조금 들어 있어도 먹지 않아 영양 밸런스가 걱정이에요. (11개월)

A 너무 걱정하지 마세요.

딱딱해서 먹기 힘들고, 감칠맛이 적은 채소를 싫어하는 아기가 많습니다. 먼저, 체에 내려 형태를 없애고 먹기 쉽게 만들어줍니다. 맛있는 과일을 섞어 채소 주스로 만들어 먹이거나 한천이나 젤리로 만들어줘도 아기가 좋아할 거예요. 어떤 경우라도 무리하게 먹이지는 마세요. 엄마 아빠가 즐겁게 맛있게 채소를 먹는 모습을 보여주는 것도 좋은 방법입니다. 아기도 곧 따라서 먹게 될 거예요.

Q 가지, 토마토, 단호박 등, 채소를 성인과 같이 껍질째 조리하는 것은 언제부터 주면 될까요? (1세 1개월)

A 채소의 껍질은 주의해야 합니다.

얇은 토마토 껍질은 끓여도 부드러워지지 않아요. 목에 달라붙어 떨어지지 않는 것이 걱정이라 적어도 2세까지는 제거하고 먹여야 합니다. 호박의 껍질은 단단하지만 1세 전에도 부드럽게 익혀 으깨면 아기가 먹을 수 있답니다. 가지는 조리법에 따라 차이가 있어, 1세 이후에나 껍질을 먹을 수 있어요.

Q 고기를 잘게 잘라서 입에 넣어도 골라 뱉어버립니다. 다진 고기 완자도 안 먹어서 최근엔 먹이지 않습니다. (1세 1개월)

A 이 시기에 싫어하는 음식이 생기는 것은 당연합니다.

어금니가 생기기 전에는 얇게 썬 고기도 먹기 힘들고, 잘게 잘라도 입안에 넣으면 덩어리지지 않아 삼키지 못해요. 고기 완자도 먹기 힘든 아기들이 많고요. 생선과 콩 제품, 달걀, 유제품 같은 다른 종류의 단백질 식품을 사용해보세요. 고기는 3세부터 먹을 수 있게 되기도 하고, 초등학교 고학년이 되어서야 좋아하게 되는 경우도 많이 있으니 너무 걱정하지 마세요.

이유식과 아기 응가는 어떤 관계가 있을까요?

Q 최근 응가가 딱딱해져서 힘을 주어도 나오지 않아 힘들어하는데, 어떻게 할까요? (7개월)

A 수분을 확실히 보충해주세요.

이유식을 시작하면 모유와 분유의 양이 감소해 수분 부족으로 변비가 생기는 경우가 많아요. 끓여 식힌 물이나 보리차 등을 먹여 수분을 보충해주세요. 요거트 등 유익균을 가진 음식이나 유익균의 먹이인 올리고당, 과일, 채소, 감자류에 있는 식이섬유를 먹이면 좋아요.

Q 이유식으로 먹는 당근과 시금치, 미역이 그대로 응가로 나오는데, 혹시 소화불량일까요? 좀 더 부드럽게 해서 주는 것이 좋을까요? (9개월)

A 소화 불량은 아니에요.

그대로 응가에 나와도 일부 영양분은 흡수됩니다. 너무 잘게 하거나 너무 부드럽게 할 필요는 없어요.

Q 이유식을 시작하고 점점 응가가 묽어지고 응가 횟수도 증가했어요. 이대로 이유식을 계속하는 것이 불안해요. (8개월)

A 걱정하지 마시고 이유식을 계속하세요.

아기가 건강하다면 괜찮습니다. 이유식을 먹으면 장이 자극을 받고 장내 세균의 상태가 변하므로 일주일에서 늦어도 2~3주일 안에는 몸이 익숙해질 거예요.

빨대, 숟가락, 포크는 언제부터 사용하나요?

Q 아기가 금속 숟가락을 씹고, 먹지는 않아요. (5개월)

A 이 시기는 입을 닫는 반사가 남아 있으나, 단단하고 차가운 것이 입안에 들어오면, 입을 닫거나 씹거나 뱉어냅니다. 또, 감촉을 확인하고 즐거움을 찾아 씹기도 해요. 여러 가지 이유가 있으나, 시작할 때는 실리콘 숟가락과 같이 금속이 아닌 숟가락이 무난해요. 볼 부분이 얕고 폭이 넓지 않은 모양이 아기에게 먹이기 쉬워요.

Q 스푼을 가까이 대면 입을 열기는 하지만 잘 먹지 못하고 뱉어버려요. 어떻게 하나요? (6개월)

A 몇 번이라도 계속합니다.

이 시기의 아기는 입을 잘 닫지 못하기 때문에 이유식을 입에서 흘리는 것이 보통입니다. 싫어하지 않으면, 몇 번이고 스푼으로 받고 다시 입에 넣어주세요. 침과 함께 이유식이 섞여 먹기 쉽게 되면 잘 삼키게 됩니다. 입에서 뱉어내면 덩어리가 있나 확인해보세요. 입안과 목이 민감해 아주 작은 덩어리가 느껴지면 먹지 못하는 경우도 있으므로 계속적으로 시도하는 것이 중요합니다.

Q 빨대로 잘 마시지 못해 불편합니다. 다른 아기는 잘 사용하던데요? (9개월)

A 마시지 못해도 상관없어요.

입을 오므려 빠는 것은 어려울 수 있으므로 빨대를 사용하지 않아도 괜찮아요. 먹는 기능의 발달 면에서 보면, 컵을 들고 가장자리부터 마시는 연습을 우선으로 시키는 것이 좋습니다. 9개월이면 입술을 닫으면서 마시고, 그다음 연속으로 마시는 것이 가능해집니다. 빨대부터 사용해 마시게 하면, 엄마가 편해지기 때문에 연습을 시키고 싶다면 종이팩을 이용해보세요. 종이팩에 빨대를 꽂고 아기에게 주고 마시게 해요. 종이팩을 누르면 액체가 아기의 입에 들어가는 경험을 하게 해주고 한번 마시게 되면 아기는 기억할 거예요.

Q 숟가락을 사용하는 연습은 언제부터 시작하면 좋은가요? 포크는요? (11개월)

A 손으로 잡는 것부터 시작하세요.

손을 내어 잡으려 하면, 언제든지 숟가락을 쥐어주세요. 아기에 따라 쥐는 시기는 다르겠지만, 숟가락을 사용해 먹을 수 있게 되는 때는 대략 1세 반~2세 정도예요. 숟가락을 쥐고 사용하게 하는 연습은 좋아요. 포크는 숟가락 사용의 다음입니다. 하지만 숟가락이든 포크든 무리하게 사용하게 하지는 마세요. 사고 방지를 위해 앉아 있을 때 가지게 하고, 일어서면 잡지 못하게 하는 습관을 들이도록 하세요.

Q 같은 월령의 친구들처럼, 컵으로 먹지 못합니다. 아직, 젖병이라도 괜찮나요? (1세)

A 젖병은 1세가 되면 이별해야 합니다.

이온음료와 우유는 충치의 원인이에요. 젖병이 편해서, 젖병으로 음료나 우유를 많이 마셔서, 이유식을 먹지 않는 일이 생길 수 있어요. 주의해야 할 것은 아기에게 납득을 시켜 젖병과 이별시키는 거예요. 정면을 보고 "안녕"이라고 말을 하고, 눈 앞에서 우유병을 버리는 버리는 모습을 보여주세요. 컵이 조금 익숙해지면 잘 마시게 됩니다. 손으로 잡기 가벼운 컵을 이용하고 컵에 마실 것을 조금 넣어 밑을 보며 먹도록 하세요.

Q 잡고 걸을 수 있게 되면서, 앉아서 먹지 않아 제가 쫓아다니며 먹이게 됩니다. 이렇게 이유식을 먹여도 되나요? (1세)

A 놀이가 되기 때문에 그렇게 먹이면 안 됩니다.

엄마가 쫓아오는 것은 아기에겐 기쁜 놀이가 됩니다. "먹자"라고 말하고, 엄마가 있는 테이블에 돌아오면, 먹여주는 습관을 들여주세요. 식사는 아기가 테이블에 오지 않아도 30분이라면 30분만 먹이고 이유식 시간을 끝내야 합니다. 배가 금방 고파진다면 1시간 후에 김밥이나 주먹밥 등을 주는 것은 괜찮아요.

Q 먹이면 즉시 놀기 시작해, 좋아하는 DVD에 정신이 팔려 입에 음식을 넣어요. 화면을 보면서라도 먹어주어서 다행이라고 생각하지만 당분간 이대로 괜찮을까요? (1세 2개월)

A 습관이 되지 않도록 주의하세요.

될 수 있으면 보여주지 말고, 이유식을 주면서 "참 맛있겠다"고 이야기해주면서 아기가 식사에 집중하도록 해요. 가족이 공원에 가서 먹는다든지, 즐거운 식사의 장면을 만들면 아기도 식사 시간을 좋아하게 되어 먹는 것에 집중할 수 있게 됩니다.

Q 손으로 집지 않는 것은 좋지만, 계속 먹여줘서 1세를 넘겨도 자신이 먹으려 하지 않고 '아~' 하고 입을 벌리고 기다리고 있어요. (1세 3개월)

A 간식을 손으로 잡도록 시키세요.

처음엔 배가 고플 때나 식사와 간식 시간에 손으로 잡고 먹기 쉬운 아기의 흥미를 끌기 쉬운 간식을 테이블에 놓아두세요. 엄마는 모르는 척하고 아기가 손으로 잡아 입으로 가져가면 칭찬해주고 박수를 치고 엄마도 같이 기뻐하세요. 그런 분위기를 만들고 손으로 잡을 수 있는 메뉴를 많이 만들어주면 자연스럽게 손으로 집어 먹게 될 거예요.

알레르기와 질병은 어떻게 예방할까요?

Q 알레르기가 걱정이라 단백질 식품의 종류를 거의 증가시키지 않습니다. 두부, 흰 살 생선, 실치만 주게 됩니다. (8개월)

A 무섭다고 제한하는 것은 좋은 방법이 아니에요.

식품 알레르기가 걱정되는 이유로 단백질 식품을 제한하는 것은 아기 때문이 아니라 부모의 걱정 때문이에요. 이 시기라면 달걀, 유제품, 흰살 생선, 붉은살 생선, 닭 안심 등 사용할 수 있는 재료가 늘어납니다. 여러 식재료를 먹여 미각을 발달시키고 성장에 필요한 영양의 밸런스를 얻어요. 부모 스스로의 판단은 좋지 않습니다. 걱정이라면 의사의 진단을 받는 것을 추천합니다.

Q 우유, 밀가루, 달걀 알레르기가 있어서 먹일 수 있는 것이 한정되어 걱정입니다. (9개월)

A 사용할 수 있는 식재료를 활용해보세요.

우유 대신 두유, 밀가루 대신 쌀가루를 사용합니다. 달걀 대신은 단백질원 식품으로 고기, 어류, 콩제품 등이 있습니다. 주식인 쌀 이외에 쌀국수, 당면, 콘프레이크를 사용하는 등 다양한 식재료를 찾아 활용해보는 것이 좋아요.

Q 정어리와 꽁치 같은 등푸른 생선은 몸에 좋으나, 알레르기 때문에 먹이지 않고 있습니다. 영양적으로 괜찮을까요?(10개월)

A 신선한 것이면 걱정하지 마세요.

등푸른 생선은 9개월부터 괜찮습니다. 알레르기 걱정 때문이 아니라, 아기의 몸에 부담을 주는 지질, 오일이 많기 때문입니다. 그러나 생선의 기름에는 뇌의 기능을 좋게 하는 지방산 DHA가 풍부합니다. 그래서 소화 흡수 능력이 발달하는 9개월 정도에는 적극적으로 이유식 메뉴에 넣어야 합니다. 단지, 몸에 좋은 생선 오일도 산화하기 쉬우니 신선한 생선을 선택하세요.

Q 어른과 같이 먹는 것을 좋아해 혼자서는 먹질 않아요. 어른의 밥을 먹고 싶어하는 건 왜 그럴까요? (11개월)

A 흔히 있을 수 있습니다.

특히, 1세가 넘어가면서는 씹으면 씹을수록 단맛이 나는 흰밥의 매력에 빠지기도 합니다. 걱정할 필요는 없습니다만 성인의 밥은 딱딱하기 때문에 아기가 배부른 만큼 먹을 수 없습니다. 부드러운 바나나를 주거나 된장국에 따뜻한 물을 부어 간을 맞추고 소면을 넣거나 밥과 함께 주는 것도 좋습니다. 반찬을 먹고 싶어 하면 반찬 만들 때 간을 먼저 하지 말고 만든 후 성인용 반찬에는 간을 더하는 식으로 만들면 좋습니다.

처음 이유식

2016년 4월 15일 초판 1쇄 발행

지은이 • 최혜숙
펴낸이 • 이동은

편집 • 박현주

펴낸곳 • 버튼북스
출판등록 • 2015년 5월 28일(제2015-000040호)

주소 • 서울시 동작구 현충로 151, 109-201
전화 • 02-6052-2144 팩스 • 02-6052-2214

ⓒ 최혜숙 2016
ISBN 979-11-87320-00-5 13590